Entraînez-vous
aux nouveaux tests
psychotechniques

Dans la même série

Exercez-vous aux tests d'entreprises

Exercez-vous aux tests psychotechniques

Évaluez votre Q.I.

Forgez-vous une mémoire d'éléphant

Les psychojeux

Chantal de Séréville

Entraînez-vous aux nouveaux tests psychotechniques

Le Livre de Poche

Introduction

Les tests d'entreprise font maintenant partie de la course d'obstacles à l'accession d'un nouvel emploi, et ils ont beaucoup évolué sous l'impulsion de leurs concepteurs. Destinés à mesurer dans le cadre professionnel la compréhension, l'esprit d'analyse et de synthèse, le comportement, le caractère, la capacité de mémorisation et le mécanisme de pensée du candidat, ces tests sont aussi adaptés au contexte de la vie sociale et familiale.

L'aptitude à comprendre et à résoudre ces tests donne des indications assez précises aux recruteurs pour dresser un profil du candidat et mener à bien leur mission. La panoplie de tests proposés dans cet ouvrage comprend les nouveaux types de tests (matrices, décryptages, mémoire, culture, etc.) qui correspondent, peu ou prou, à ceux qu'un candidat sera amené à rencontrer lors d'une évaluation d'embauche face à un psychologue. Ces tests obéissent à des codes bien établis.

Nous offrons ici une véritable méthode de travail, grâce à l'explication détaillée des solutions, qui démonte les mécanismes des tests réalisés, afin que le candidat soit à même d'en déjouer les pièges en conditions réelles. Pour ce faire, et en partant du principe qu'il est rare que ces tests soient engageants au départ, nous les avons adaptés pour leur donner un aspect plus ludique et les rendre plus attrayants.

A force d'entraînement, par la simple pratique et l'acquisition de l'expérience des tests psychotechniques, le lecteur pourra réussir à modifier son comportement face aux vrais tests de recrutement, ce qui peut s'avérer un grand pas vers la réussite. Idéalement, le jour J, dans un contexte de candidature réelle, l'examen angoissant à inconnues multiples deviendra pour lui l'occasion de mettre en pratique ses connaissances acquises dans des conditions optimales.

Test de motivation

Testez-vous

Ainsi que nous l'avons dit précédemment, d'une façon générale, les tests de candidature paraissent souvent rébarbatifs, mais à force d'entraînement et de réussite, vous saurez vite en déjouer les pièges.

La question est de savoir dès le départ quelle est votre part de motivation et celle de votre appréhension. Ce test, qui s'inspire de celui du Docteur H. Siewert, a pour objectif de connaître votre attitude face aux tests en général. Appréhendez-le avec un esprit d'honnêteté vis-à-vis de vous-même.

Répondez à toutes les questions en en respectant l'ordre. Indiquez sur une échelle sémantique de 1 à 5 ce qui vous paraît le mieux vous correspondre et non pas ce que vous pensez devoir répondre pour faire bonne impression. Selon que votre réponse à chaque question se situe entre « oui » (qui est représenté par la note 5) et « pas du tout » (qui est représenté par la note 1), vous entourerez le chiffre qui reflète votre état d'esprit au moment de la lecture de la question.

Lisez toujours attentivement les énoncés pour ne pas en perdre le sens. Prenez votre temps. Votre attitude pourra changer au cours des tests que vous aurez réalisés dans cet ouvrage et nous vous conseillons de repasser celui-ci quand vous aurez fini tous les tests, pour voir si votre opinion a déjà évolué dans un sens positif. Si ce n'était pas le cas et que votre note ne s'améliore pas, nous vous conseillons de faire appel à un formateur professionnel ou tout simplement de vous abstenir de vous présenter à des postes dont le recrutement se fait par des tests de candidature. Vous trouverez les résultats en fin de test.

		1	2	3	4	5
1	On devrait avoir les moyens de s'acheter son appartement quand on est jeune.	☐	☐	☐	☐	☐
2	Il ne faut jamais jeter de nourriture.	☐	☐	☐	☐	☐
3	On doit prendre la vie très au sérieux.	☐	☐	☐	☐	☐
4	Il m'arrive d'être triste au beau milieu d'une fête de famille.	☐	☐	☐	☐	☐
5	Il faut rendre un objet trouvé, surtout s'il a de la valeur.	☐	☐	☐	☐	☐
6	Je trouve essentiel de veiller à ma sécurité et à celle des miens.	☐	☐	☐	☐	☐

7	On ne peut vivre si on ne se crée pas d'objectif.	1 ☐	2 ☐	3 ☐	4 ☐	5 ☐
8	Mes parents étaient des gens sévères.	1 ☐	2 ☐	3 ☐	4 ☐	5 ☐
9	Au restaurant, je sais tout de suite ce que je vais prendre.	1 ☐	2 ☐	3 ☐	4 ☐	5 ☐
10	Mon avenir personnel ne m'inquiète pas outre mesure.	1 ☐	2 ☐	3 ☐	4 ☐	5 ☐
11	Quand on m'offre un cadeau, je le garde toujours.	1 ☐	2 ☐	3 ☐	4 ☐	5 ☐
12	En général, je fais presque toujours au dernier moment ce que j'ai à faire.	1 ☐	2 ☐	3 ☐	4 ☐	5 ☐

		1	2	3	4	5
13	J'aime la vie et suis du genre heureux.	☐	☐	☐	☐	☐
14	La réussite s'acquiert grâce au travail.	☐	☐	☐	☐	☐
15	Ma parole est une valeur sûre.	☐	☐	☐	☐	☐
16	On dit de moi que je suis arriviste.	☐	☐	☐	☐	☐
17	La musique revêt une importance capitale et a de l'influence sur moi.	☐	☐	☐	☐	☐
18	Je considère qu'une bonne dispute arrange bien les choses.	☐	☐	☐	☐	☐

		1	2	3	4	5
19	J'aime rendre des services.	☐	☐	☐	☐	☒
20	Je veux absolument réussir dans la vie.	☐	☐	☐	☒	☐
21	Si mes supérieurs me donnent un ordre, j'obéis sans discuter même si je ne suis pas d'accord.	☐	☐	☐	☒	☐
22	J'ai un assez bon caractère et accepte volontiers les critiques.	☐	☐	☐	☒	☐
23	Chez moi c'est toujours propre et rangé.	☐	☐	☐	☐	☒
24	Quand on sort à deux, en général, c'est l'autre qui propose et je suis d'accord.	☐	☐	☒	☐	☐

Résultats et commentaires

Faites le total de vos notes de 1 à 5 et reportez-vous aux tableaux ci-dessous.

Entre 0 et 50 points

Pas motivé(e), vous voyez le monde de façon négative. Vous auriez plutôt besoin de repos et de vous reconstituer une forme morale avant d'entreprendre tout test de candidature en ce moment. Pour commencer, pratiquez nos tests et voyez si votre motivation a évolué.

Entre 51 et 95 points

A la recherche de motivation. Essayez d'en trouver à l'extérieur. Apprenez à vous créer un objectif, une carotte, un cadeau, au cas où vous réussissez une tâche ou une corvée. Vous allez avoir des difficultés à acccomplir certains tests qui vont vous apparaître comme un pensum. Il va falloir vous armer de patience et de courage.

Plus de 95 points

Motivé(e). Vous ne devriez pas avoir trop de difficulté à réaliser les tests et même à vous amuser à en déjouer les pièges. Espacez-les dans le temps, ne faites pas tout d'un coup ou vous risquez d'avoir une bonne indigestion et d'en oublier vos repères.

Conseils pratiques

Votre comportement lors de l'entretien

Sachez que dès les premières minutes, votre attitude est prise en compte. Ayez une attitude naturelle, n'adoptez pas de comportement particulier, et ceci durant tout l'entretien.

Présentez-vous à l'accueil en donnant à l'hôtesse votre nom, l'heure de votre rendez-vous (n'arrivez pas trop longtemps à l'avance, 5 minutes sont de bon ton, 20 minutes démontrent une certaine angoisse) et annoncez les raisons de votre rendez-vous (entretien d'embauche avec M. X.) Allez vous asseoir, ne faites pas les cent pas mais ne restez pas inactif(ve) non plus, imprégnez-vous de l'atmosphère, des gens qui travaillent, s'ils sont décontractés ou guindés ; ceci est révélateur de l'ambiance de l'entreprise où vous vous trouvez et de l'attitude que vous pourrez adopter.

Si l'on vous fait attendre trop longtemps, ne vous énervez pas, ne prétextez pas un autre rendez-vous, les places sont trop chères aujourd'hui pour jouer à ce petit jeu. Au-delà d'une bonne demi-heure d'attente, demandez poliment à l'hôtesse si vous avez bien été annoncé(e), et n'oubliez pas que dans certaines entreprises, on demande à une assistante ce qu'elle pense du comportement du candidat, s'il est nerveux, bien élevé etc. donc, cela pourrait être pris en compte.

Si vous voyez une plaquette de l'entreprise sur une table dans la salle d'attente, prenez-la et lisez-la. Toute information sur cette entreprise peut vous rendre service lors de l'entretien.

Votre comportement gestuel sera déterminant lors de ce premier contact. N'essayez pas de cacher votre timidité, les spécialistes connaissent chaque détail de vos attitudes et en tirent des conclusions. Le sens des mots compte pour 10 %, l'intonation et la voix pour 40 % et le reste est attribué à la gestuelle. Donc pas de mains dans les poches, ni croisées sur la poitrine, ou tiraillant vos manches.

Soyez attentif(ve) et sûr(e) de vous dans la mesure du possible. Si vous êtes là, c'est parce que vous correspondez au profil de la personne à recruter, donc c'est déjà un grand pas de franchi ; à vous de faire le reste, non seulement en réussissant les tests mais en vous comportant déjà en professionnel(le) dès le début. Soyez optimiste, réceptif(ve), et adoptez une attitude positive.

Certains recruteurs prétendent que dès les premières 30 secondes, leur impression est faite. Ils aiment les personnes bien dans leur peau, souriantes, bien habillées, sympathiques. Vous verrez que leur comportement, par mimétisme, s'accordera au vôtre. Par contre, si vous arrivez battu(e) à l'avance, que vous paraissez anxieux(se), peu sûr(e) de vous, leur impression sur vous sera moins positive.

N'oubliez pas non plus que vous faites potentiellement partie du personnel, et qu'il doit paraître agréable de travailler avec vous. Donnez à votre interlocuteur l'envie de vous avoir dans son équipe, parce que vous respirez la confiance et la sympathie, en dehors de vos qualités professionnelles.

Votre poignée de main doit être ferme, mais surtout n'écrasez pas la sienne, cela dénoterait un esprit dominateur peu souhaitable. Ne tendez pas une main molle ni le bout de vos doigts, cela révèle un manque d'assurance et une certaine timidité. Dans le bureau du recruteur, pas de flagornerie du genre « vous avez un bureau magnifique », restez à votre place et attendez qu'il ouvre le dialogue et qu'il vous invite à vous asseoir.

Une fois assis(e), restez droit(e) mais sans raideur, posez votre sac ou votre attaché-case à côté de votre siège, et ouvert, gardez vos jambes (non croisées) devant vous. Votre regard doit être direct mais pas fixe. Ne cherchez pas à lire ce qu'il écrit ou ce qu'il a devant lui. Captez bien les premiers mots qu'il va prononcer et faites attention à leur signification. Ne répondez pas de travers, répondez juste. Si vous ne savez pas quoi faire de vos mains, posez-les sur les accoudoirs de votre fauteuil, ou sur les côtés de votre chaise. Ne jouez pas avec votre stylo, c'est crispant, ne triturez pas vos doigts, ne fumez pas, même si on vous le propose. Evitez de mettre une main devant votre visage lorsque vous parlez et d'épousseter des cheveux virtuels sur vos vêtements, ce qui pourrait trahir un certain malaise.

Durant l'entretien, restez à l'écoute, ne coupez pas la parole, répondez lorsqu'on vous le demande, donnez des réponses courtes mais pas laconiques (oui ou non), structurez vos réponses ; limitez-vous à l'essentiel, sinon vous passeriez pour une personne envahissante et manquant d'esprit de synthèse. N'essayez pas de prendre d'initiative lors de ce contact. Restez positif(ve), enthousiaste, maîtrisez le ton de votre voix, parlez à votre rythme, soyez le plus naturel(le) possible, limitez les expressions négatives du genre « boulot, arrêt de maladie, problèmes, handicap, chômage, etc. », ne demandez pas tout de suite à combien de jours de vacances vous avez droit par an.

A la fin de l'entretien, posez des questions sur la vie économique et sociale de l'entreprise. Ayez l'air intéressé(e) par la société sans en faire trop. Enfin, prenez des notes si on vous l'autorise, cela donne l'impression que vous êtes déterminé(e) à réussir votre test.

Si le recruteur répond au téléphone (ce qui sera rare), posez votre stylo sur votre bloc-notes et donnez l'impression que vous n'écoutez pas ce qu'il dit, en regardant autour de vous, par exemple, ou en relisant vos notes.

Si la question n'a pas été posée, n'hésitez pas à demander quel est le salaire. Si le recruteur vous demande combien vous voulez gagner, répondez toujours de façon à lui laisser une ouverture. Donnez une fourchette qui sera fonction des responsabilités que vous aurez. Renseignez-vous auparavant sur les salaires pour ce type d'emploi dans les journaux professionnels, de façon à ne pas être trop en-dessous, ce qui vous déprécierait, ni trop au-dessus, ce qui vous placerait dans une situation rédhibitoire. Votre salaire, si vous êtes débutant(e), doit être fonction de vos diplômes et du barême de l'entreprise. Si vous êtes un(e) ex-salarié(e), vous pouvez donner votre précédent salaire en le revalorisant tout en expliquant les raisons de l'augmentation que vous souhaitez. Dans certains cas, il est proposé un fixe avec intéressement. Raisonnez plus en termes de progression que de salaire immédiat.

Enfin, n'ayez pas obligatoirement la même attitude devant des recruteurs différents. Cela peut dépendre du poste à pourvoir, de la personne qui se trouve en face de vous, de son comportement aussi. Essayez surtout de vous adapter à toute situation et au recruteur que vous croiserez sur votre quête d'un nouvel emploi. Pour finir, si vous avez mis sur votre curriculum vitae que vous parliez des langues étrangères, attendez-vous à ce que le testeur vous pose quelques questions dans les langues que vous prétendez parler couramment. Faites donc attention de ne pas surévaluer vos talents linguistiques.

Face aux tests

Premièrement, adoptez une attitude positive face aux tests d'entreprise et vous verrez que si vous en découvrez les mécanismes, vous finirez par vous amuser et à les prendre comme de véritables petits jeux. Chaque type de tests présenté dans ce livre résulte d'un mécanisme propre à certains auteurs de tests. Il y a de grandes chances pour que vous les retrouviez lors de vos entretiens, présentés sous une autre forme mais avec le même schéma de pensée. Pour vous faciliter la compréhension des démarches des testeurs, vous aurez la possibilité de vous exercer à des tests variés qui, dans certains cas, auront un caractère répétitif, afin de vous y habituer.

Nos séries commencent par des tests assez faciles et se terminent en général par les plus difficiles, la progression étant naturelle. Lisez attentivement les énoncés des questions, voire plusieurs fois avant de répondre. Trouvez votre rythme. Ne vous attardez jamais sur une question que vous jugez très difficile, quitte à y revenir plus tard. Ne laissez jamais une question sans réponse, sachez choisir au hasard, selon votre réflexion personnelle et votre intuition, c'est mieux que de ne rien mettre du tout, vous augmenterez ainsi votre taux de réussite. Enfin, si vous avez fini avant le temps imparti, revenez sur les questions qui vous ont paru difficiles ou qui vous ont posé des problèmes. Vous voici prêt(e) à affronter nos tests, décontractez-vous et n'oubliez pas que beaucoup de personnes les font par pur plaisir.

Tests psychotechniques

Ce qu'il faut savoir

Les tests se présentent pratiquement toujours sous la forme d'une succession d'éléments présentant des caractéristiques d'analogies, de symétries, de succession, de progression ou de similarités. Le but étant de deviner quelle est la particularité de chaque question de par sa présentation et de trouver parmi les réponses proposées celle qui semble la plus logique pour former une suite cohérente.

Dans certains cas, on vous demandera de trouver un intrus ou l'élément hétérogène dans une suite. Vous devez, après analyse des questions, découvrir les indices permettant de comprendre le mécanisme sous-jacent de la logique détectée. Il se peut que vous ayez à faire appel à une certaine imagination créatrice, mais dans la majorité des cas, il s'agit de logique. Pour choisir la bonne réponse, il faut savoir procéder par élimination des réponses absurdes, contradictoires, voire fausses. Sauf indication contraire, vous avez un temps imparti de 2 minutes par question.

Pour les tests de séries, il s'agit d'essayer de raccorder une séquence à l'une des propositions situées au-dessous. N'essayez pas de trouver un rapport entre les différentes questions, regardez-les avec un œil nouveau ; et si la logique ne vous paraît pas évidente, fiez-vous à votre intuition.

Pour les tests de compréhension verbale, il s'agit de réflexion et de connaissance de la langue française.

Pour les suites numériques, lorsqu'il s'agit de successions, on est régi par des critères de progressions arithmétiques, que ce soient des progressions directes, celles où l'on saute des chiffres de deux en deux, ou trois en trois, etc. Ces tests font appel à vos connaissances arithmétiques (additions, soustractions, tables de multiplication), à votre aptitude au calcul mental. Dans certains cas, vous devrez déterminer les opérateurs donnés et les placer pour effectuer une opération dont on a le départ et le résultat. Tout ceci se fait sans calculette, mentalement et dans un temps imparti qui est ici de 1 minute par question.

Les tests de lettres ainsi que de mots répondent à une logique alphabétique et numérique à la fois et font souvent appel à la connaissance de la grammaire.

Pour les tests de cartes à jouer et de dominos, il s'agit généralement de trouver la carte ou le domino manquant. Certains trucs, tels que calculer la somme des cartes ou dominos, verticalement ou horizontalement, vous aideront à repérer les enchaînements, les symétries qui répondent à une logique arithmétique, géométrique ou spatiale, à vous souvenir qu'une carte ou domino peut représenter la somme ou la différence entre deux cartes ou dominos qui les entourent, etc. Ces tests servent à analyser et mesurer votre aptitude à prendre des décisions.

Dans les tests de matrices, vous devez soit trouver un intrus, soit choisir parmi plusieurs propositions celle qui suit une certaine logique. Cela fait appel à un certain sens de l'observation, à la déduction et à la logique.

Dans les décryptages, une série de figures vous est présentée, régie selon un certain code que vous devez trouver. Au-dessous, vous est proposé un choix de figures qui doivent logiquement remplacer une case vide. Vous avez un temps imparti qui est de 3 minutes par question.

Les carrés logiques sont présentés sous forme de grilles comportant des chiffres, symboles ou lettres, qui une fois éliminés par des indications latérales, vous amènent à trouver un nombre, une séquence de symboles, ou encore une série de lettres. Il s'agit d'un système proche de celui du jeu de master mind.

Les tests d'observation font bien évidemment appel à votre sens de l'observation ainsi qu'à votre mémoire : deux planches vous sont présentées, contenant un certain nombre de différences que l'on vous demande de repérer.

Les tests classiques

Séries graphiques / 1

Regardez attentivement les lignes ci-dessous. Quelle figure (a, b ou c) doit compléter la case vide ?

Séries graphiques / 2

Quelle case (a, b, c, d, e ou f) doit logiquement compléter la série ci-dessous ?

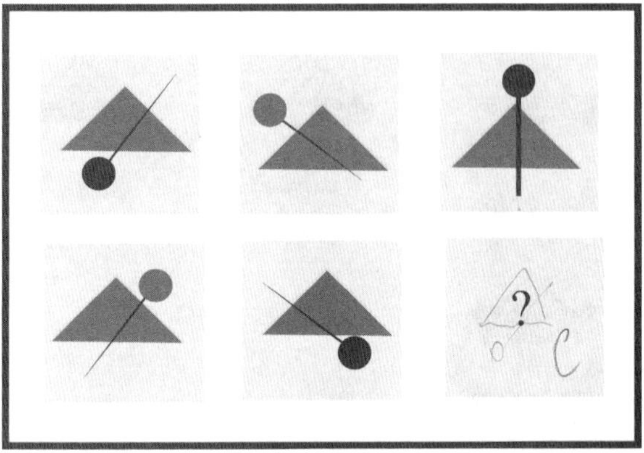

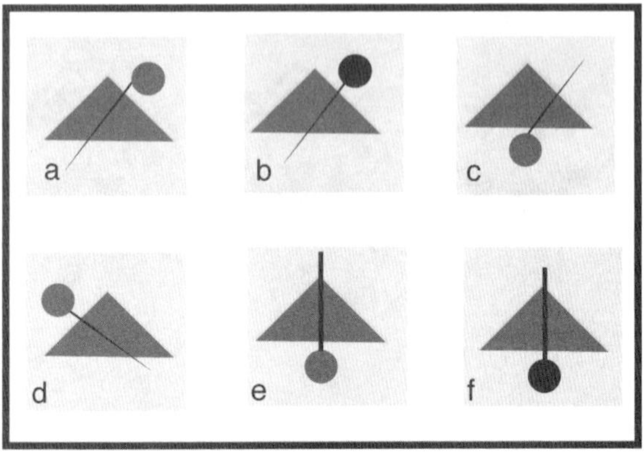

Séries graphiques / 3

Regardez attentivement cette série.

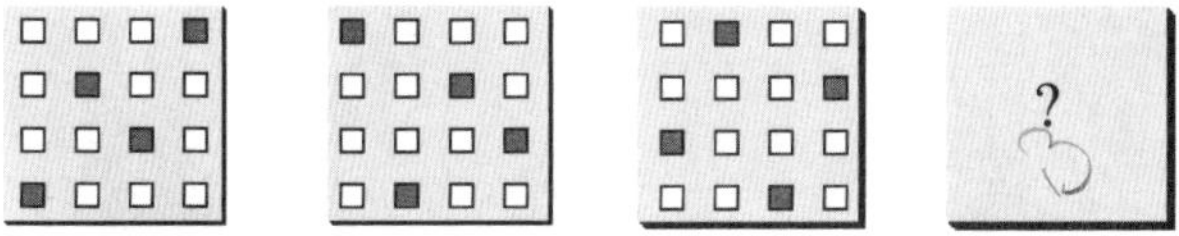

Laquelle de ces figures doit logiquement continuer la série du haut ?

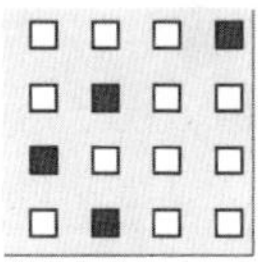

A

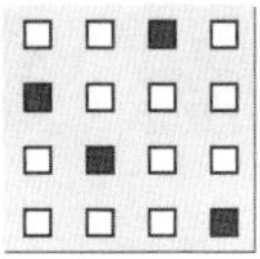

B

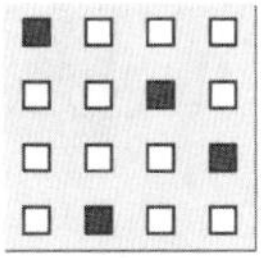

C

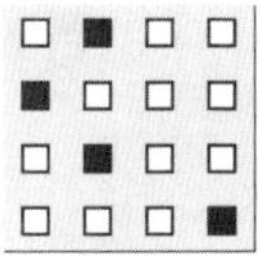

D

Séries graphiques / 4

Regardez attentivement cette série de trois colonnes.

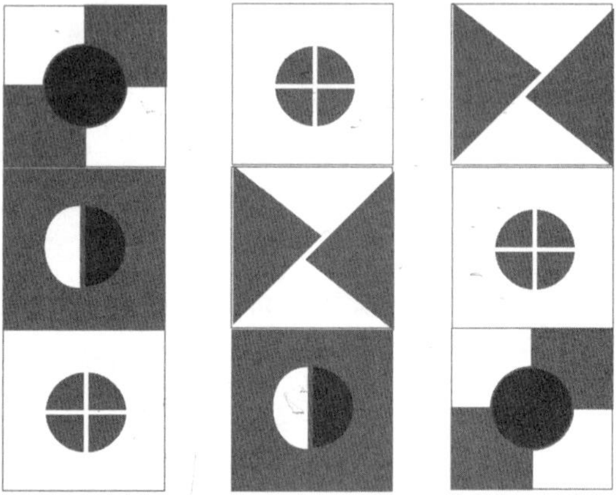

Laquelle de ces colonnes doit logiquement continuer la série du haut ?

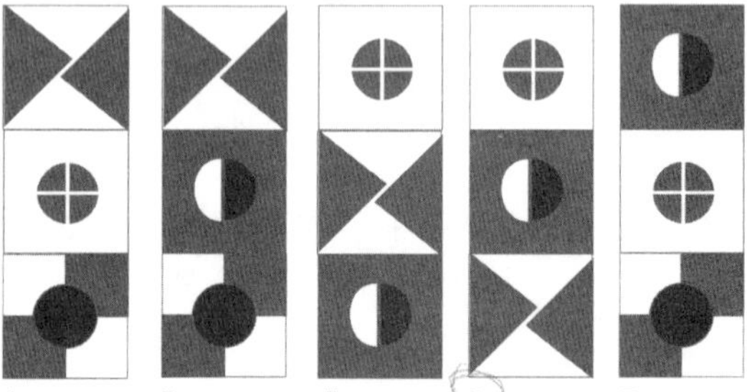

A B C D E

Séries graphiques / 5

Quelle case, parmi celles proposées en bas, doit logiquement compléter la série ?

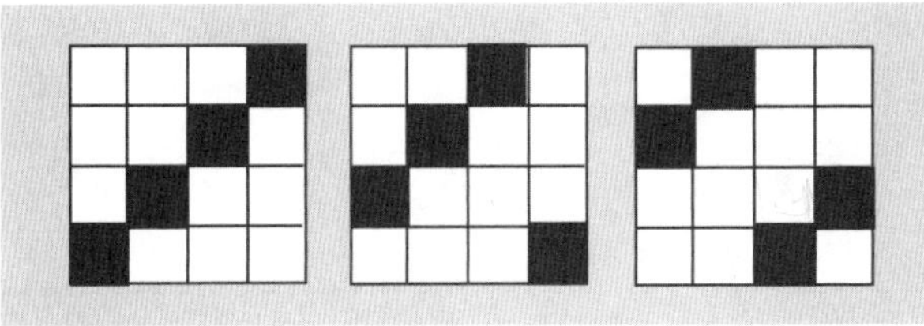

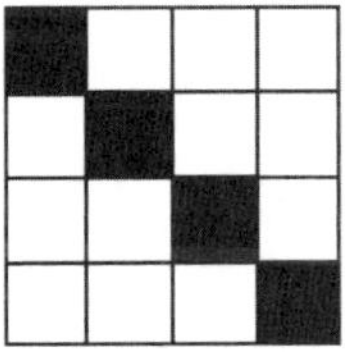

a

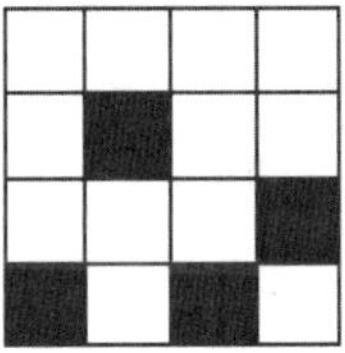

b

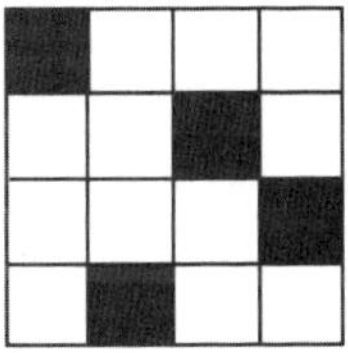

c

d

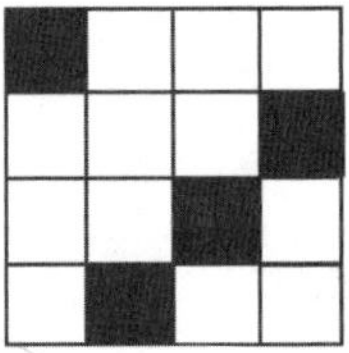

e

Séries graphiques / 6

Quelle case (a, b, c, d, ou e) complète la série ci-dessous ?

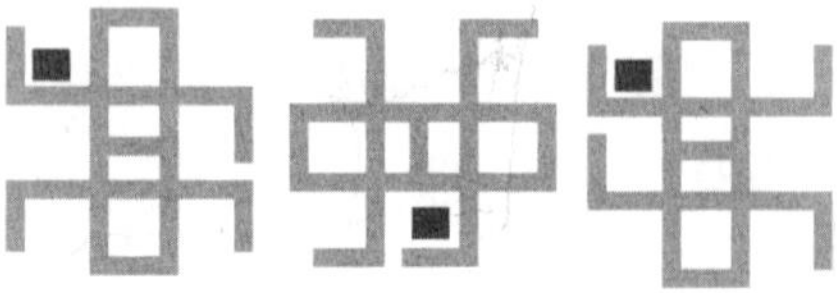

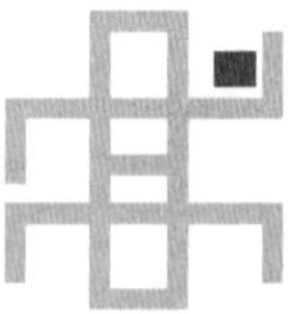

a

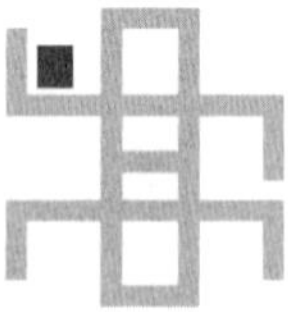

b

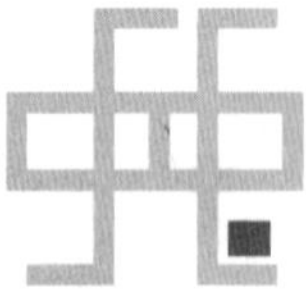

c

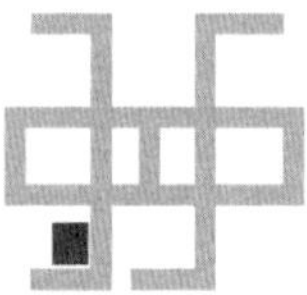

d

e

Séries graphiques / 7

Quelle case (a, b, c, d, ou e) complète la série ci-dessous ?

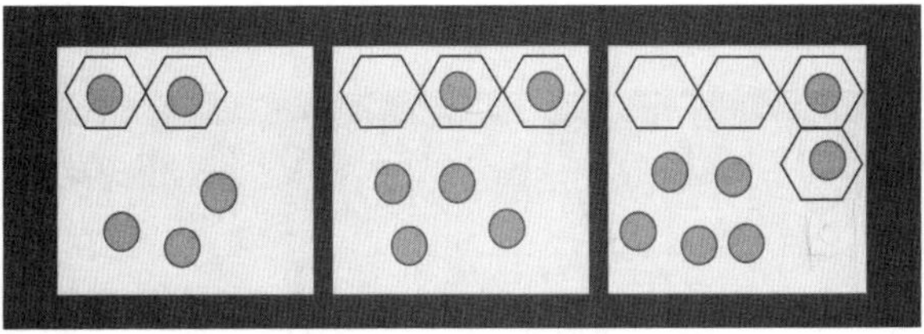

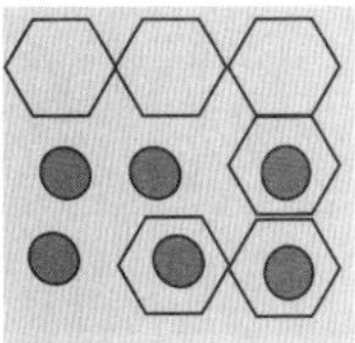

a

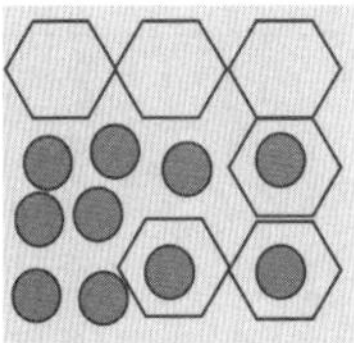

b

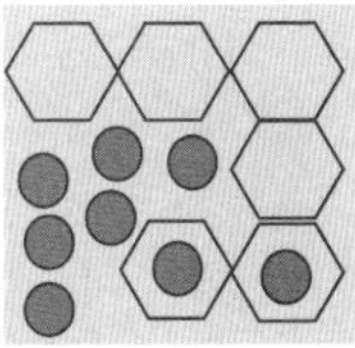

c

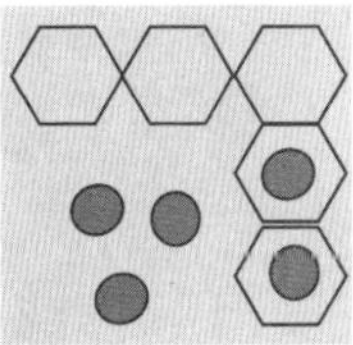

d

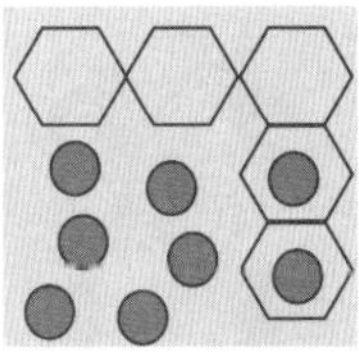

e

Séries graphiques / 8

Quelle case, parmi celles proposées en bas, complète logiquement la série ci-dessous ?

a

b

c

d

e

Séries graphiques / 9

Quelle case, parmi celles proposées en bas, doit logiquement compléter la case vide ?

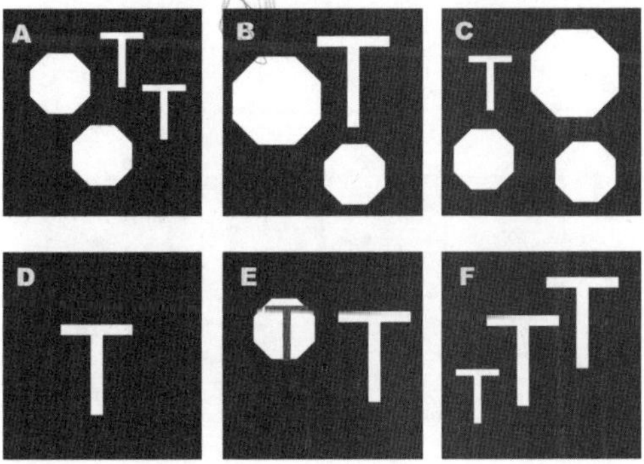

Séries graphiques / 10

Quelle case, parmi celles proposées en bas, doit logiquement compléter la série ci-dessous ?

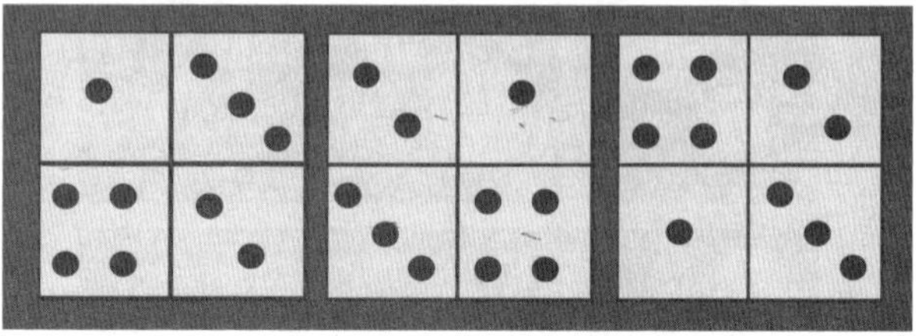

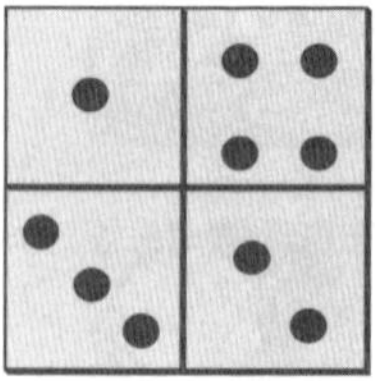

a

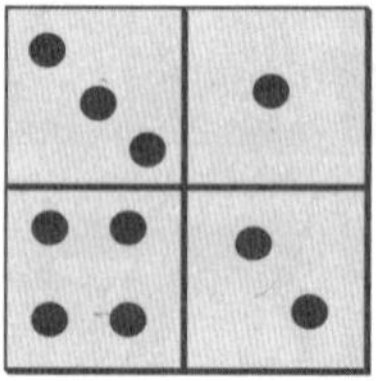

b

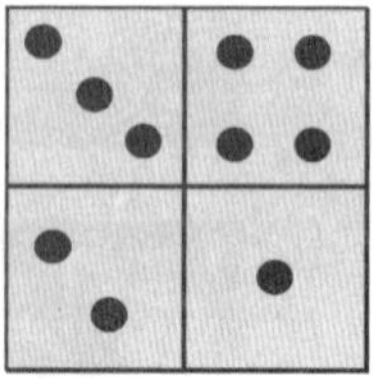

c

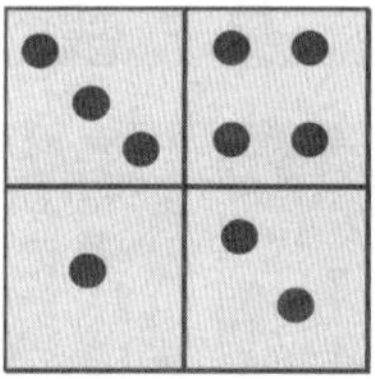

d

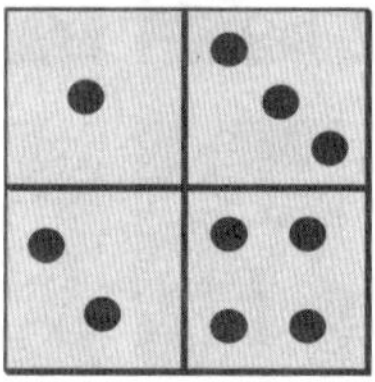

e

Séries graphiques / Solutions

Test 1 : solution b
Les triangles changent alternativement de position en haut puis en bas. Dans la dernière figure, les deux triangles extérieurs ont changé de position et celui du milieu reste inchangé, donc c'est la figure b qui continue la série en ne changeant en bas que les triangles extérieurs.

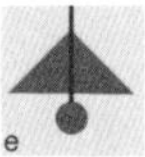

Test 2 : solution e
La figure au milieu du triangle tourne autour d'un axe central et passe sur chaque côté du triangle en se déplaçant dans le sens des aiguilles d'une montre. Quand elle passe par le milieu, elle fait une pause. La boule change de couleur une fois sur deux.

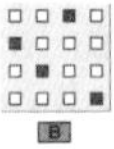

Test 3 : solution b
Les petits carrés bleus avancent d'une case, horizontalement rangée par rangée, quand ils arrivent à l'extrême droite ils réapparaissent à l'extrême gauche et continuent ainsi.

Test 4 : solution b
De façon à avoir trois fois chacune des quatre figures carrées.

Test 5 : solution e
Les petits carrés foncés se déplacent verticalement de bas en haut, colonne

Séries graphiques / Solutions

par colonne; quand ils arrivent au sommet, ils réapparaissent en bas.

Test 6 : solution c
La figure tourne sur elle-même d'un quart de tour dans le sens des aiguilles d'une montre. A chaque déplacement, le petit carré noir change d'angle ouvert, et dans le même sens.

Test 7 : solution e
Dans chaque case on a un hexagone en plus, les ronds dans les hexagones se déplacent deux par deux vers la droite, à l'extérieur des hexagones, on a un rond en plus dans chaque case.

Test 8 : solution b
Chacune des quatre figures dans les cases changent de place, d'un carré à un autre dans le sens des aiguilles d'une montre.

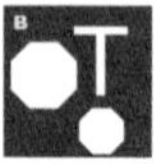

Test 9 : solution b
Il doit y avoir autant de T que d'hexagones verticalement et horizontalement.

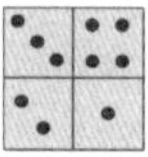

Test 10 : solution c
Les cases à points se déplacent dans chaque carré, selon le schéma ci-contre.

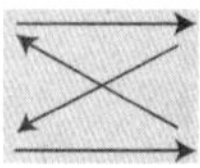

Compréhension verbale / 1

Écrivez, dans la case vierge du centre, un mot qui a le même sens que chacun des deux autres.

1	mériter		vaincre
2	tirer		sensible
3	liquidation		salaire
4	argent		intègre
5	lâche		épieu

Compréhension verbale / 2

Les points d'interrogation représentent des lettres qui complètent les trois premières syllabes pour former des mots. À vous de les trouver.

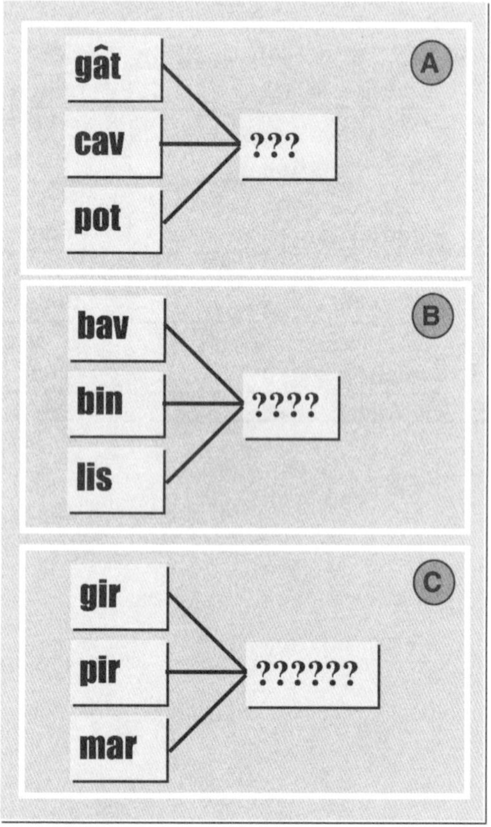

Compréhension verbale / 3

Quel est, dans la liste ci-dessous, le mot dont le sens diffère des autres ?

1 - Adresse, Habileté, Entregent, Diplomatie, Doigté, Intention.

2 - Hommage, Largesse, Prêt, Obole, Aumône, Don.

3 - Raison, Volonté, Motif, Mobile, But, Fondement, Prétexte.

4 - Rage, Passion, Exigence, Fièvre, Colère, Fureur, Virulence.

5 - Agé, Mûri, Reclus, Blanchi, Usé, Vieilli.

6 - Clémence, Indulgence, Miséricorde, Prodigalité, Magnanimité, Longanimité.

7 - Exclure, Oter, Ecarter, Ségréguer, Isoler, Disgracier, Marginaliser.

8 - Passager, Momentané, Court, Variable, Temporaire, Provisoire.

Compréhension verbale / 4

Choisissez, parmi les quatre propositions, celle qui se rapproche le plus du mot en **gras**.

1 - Les jeunes sont aujourd'hui tellement **outrecuidants**.
a) pontifiants **b)** suspicieux **c)** infatués **d)** agressifs

2 - Mon cousin s'adresse toujours à nous d'une façon **paternaliste**.
a) familière **b)** autoritaire **c)** condescendante
d) hautaine

3 - Les termes utilisés dans cette publicité sont **abscons**.
a) précis **b)** incongrus **c)** bizarres **d)** fumeux

4 - La disparition de notre aïeul nous plongea dans un profond **désarroi.**
a) tristesse **b)** confusion **c)** rage **d)** discorde

5 - Cet orateur est réputé être **prolifique.**
a) fertile **b)** magistral **c)** courageux **d)** intéressant

6 - Ce **hiérophante** n'a pas l'envergure de son prédécesseur.
a) prêtre **b)** bipède **c)** professeur **d)** écrivain

7 - L'avocat, tous effets de manches mis à part, était incroyablement **emphatique**.
a) sympathique **b)** ampoulé **c)** mou **d)** convainquant

8 - La structure même de l'édifice paraissait **architectonique**.
a) fragile **b)** structurée **c)** majestueuse **d)** dynamique

Compréhension verbale / 5

Parmi ces propositions, laquelle correspond à l'exacte interprétation de la phrase en **gras** ?

1 - « Charité bien ordonnée commence par soi-même. »
A . Les portes de la charité sont difficiles à ouvrir.
B . La charité qui ne coûte rien, le ciel l'ignore.
C . Il faut commencer par s'occuper de soi avant de s'occuper des autres.
D . Aide-toi le ciel t'aidera.

2 - « L'argent n'a pas d'odeur. »
A . Ce qui compte c'est ce qu'on a dans la poche.
B . L'argent est un fruit toujours mûr.
C . L'argent est serviteur ou maître.
D . L'argent purifie tout.

3 - « Le pénible fardeau de n'avoir rien à faire. »
A . Il est difficile de trouver une occupation.
B . La vie n'est acceptable que si on est inoccupé.
C . La paresse est un vilain défaut.
D . L'inactivité est pesante.

4 - « Qui veut noyer son chien l'accuse de la rage. »
A . Il est difficile de trouver des explications plausibles sur nos actes.
B . Nos intentions sont souvent moins pures que nos actes.
C . Pour se trouver des excuses, l'homme n'est pas avare de bonnes idées.
D . Il est facile de porter des accusations convainquantes.

5 - « Il n'y a pas de fumée sans feu. »
A . On ne peut arrêter une rumeur.
B . On ne réussit pas sans travailler.
C . Tout colportage a un fondement.
D . La rumeur peut faire mal.

Compréhension verbale / Solutions

Test 1 :
1-gagner 2-tendre 3-solde 4-franc 5-lance

Test 2 :
A - EAU pour faire gâteau, caveau, poteau.
B - EUSE pour faire baveuse, bineuse, liseuse.
C - OUETTE pour faire, girouette, pirouette, marouette.

Test 3 :
1) Intention 2) Prêt 3) Volonté 4) Exigence
5) Reclus 6) Prodigalité 7) Oter 8) Variable

Test 4 :
1-c 2-c 3-d 4-b
5-a 6-a 7-b 8-b

Test 5 :
1-c 2-a 3-d
4-c 5-c

Suites numériques / 1

Complétez ces suites de chiffres.

A 2 | 6 | 10 | 14 | 18 | ?

B 54 | 51 | 48 | 45 | 42 | ?

C 12 | 60 | 24 | 120 | 48 | 240 | ? | ?

D 416 | 208 | 104 | 52 | 26 | ?

E 7 | 4 | 6 | 5 | 11 | 8 | 10 | 9 | 15 | 12 | 14 | ? | ?

Suites numériques / 2

Effectuez de tête les opérations ci-dessous.

A (5 x 8) + 11 =

B (28 x 5) + 18 =

C (12 x 20) + (240 x 2) =

D (32 + 20) x (5 + 9) =

E (34 + 11 + 8 - 9) x (6 + 14 - 1) =

Suites numériques / 3

Trouvez le bon résultat parmi les propositions ci-dessous.

A 12 365 x 5 =

a) 68 525 b) 62 455 c) 61 825

B 142 233 x 2 =

a) 284 466 b) 282 866 c) 281 466

C 122 654 x 12 =

a) 1 472 828 b) 1 487 568 c) 1 471 848

D 0,0225 x 5 =

a) 0,10125 b) 0,1125 c) 0,0125

E 0,00128 x 0,00042 =

a) 0,00005356 b) 0,0000005376 c) 0,00005296

Suites numériques / 4

Insérez les opérateurs a, b, c, d, e, entre les cases, de façon à obtenir le total indiqué au bout de la flèche.

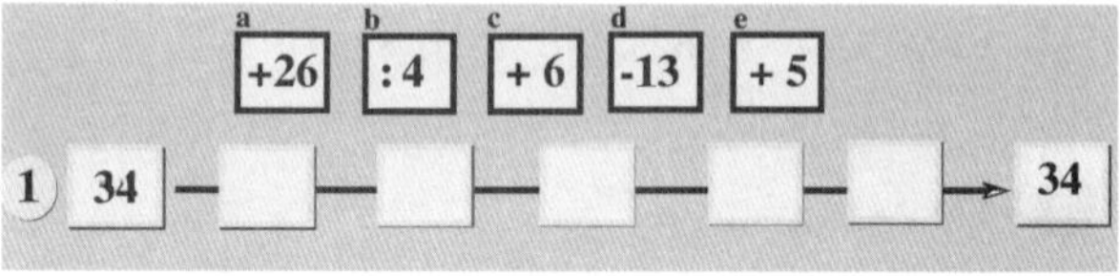

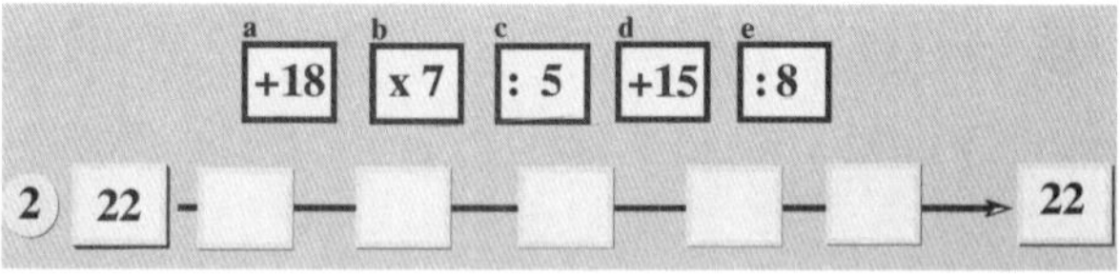

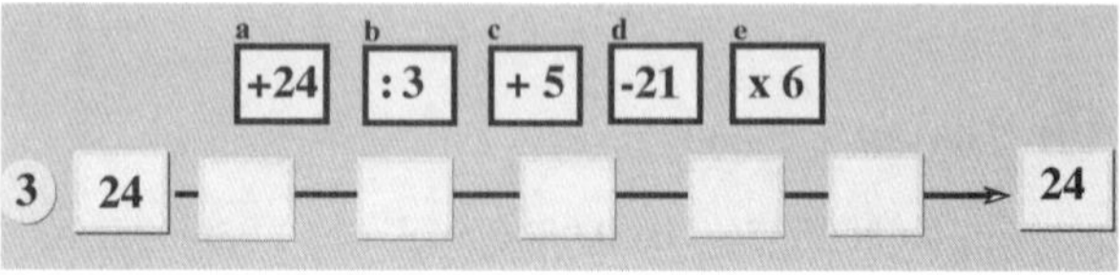

Suites numériques / 5

Placez les opérateurs en partant du chiffre 15, dans le sens des flèches, pour aboutir au chiffre 15.

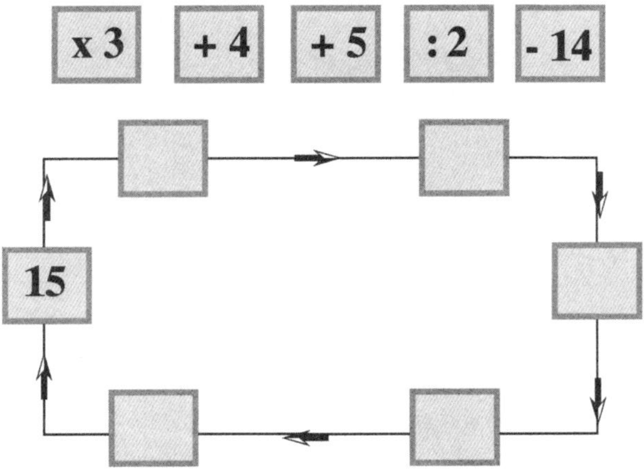

Suites numériques / Solutions

Test 1 :

A - 22 - Progression des nombres de 4 en 4.

B - 39 - Les nombres décroissent de 3 en 3.

C - 96 - 480 - Les nombres se lisent de 2 en 2 et se doublent successivement.

D - 13 - Les nombres décroissent de leur moitié à chaque fois.

E - 13 - 19 - Toutes les quatre cases, les nombres progressent de 4 en 4. Les nombres situés au milieu sont une progression normale dont le chiffre le plus élevé se situe entre les deux autres.

Test 2 :

A - 51 B - 158 C - 720 D - 2340 E - 836

Test 3 :

A - c - 61 825
B - a - 284 466
C - c - 1 471 848
D - b - 0,1125
E - b - 0,0000005376

Test 4 :

1 - 34 + 6 = 40 + 5 = 45 - 13 = 32 : 4 = 8 + 26 = 34
2 - 22 + 18 = 40 : 8 = 5 x 7 = 35 : 5 = 7+ 15 = 22
3 - 24 - 21 = 3 + 5 = 8 x 6 = 48 + 24 = 72 : 3 = 24

Test 5 :

15 x 3 = 45 + 5 = 50 : 2 = 25 - 14 = 11 + 4 = 15

Lettres / 1

Complétez ces suites de lettres :

Ⓐ D - F - I - K - N - P - **?** - **?**

Ⓑ U - S - Q - O - M - K - **?** - **?**

Ⓒ B2 DD4 FFF6 H8 JJ10 **?**

Ⓓ A.K.C.M.E.O.G.Q. **? ?**

Ⓔ TSR PON LKJ HGF **???**

Lettres / 2

Complétez la case vide avec l'une des propositions ci-dessous.

LEVER	MUNIR	NOMMER
OCCUPÉ	POSÉ	?

a	b	c
LANGER	NANTI	PARER
MANGER	OTÉ	PELER
d	e	f

Lettres / 3

Quelles sont les trois lettres que vous devez inscrire dans tous les espaces vides pour former un mot avec la lettre qui les précède ?

1	H	- - -
2	L	- - -
3	F	- - -
4	N	- - -
5	PR	- - -

Lettres / 4

Remplacez les points d'interrogation par une lettre de façon à former un mot en lisant les lettres dans le sens des aiguilles d'une montre.

Lettres / 5

Quelles lettres, parmi les propositions du bas, doivent remplacer le point d'interrogation ?

QE	NF	DX
TS	CQ	ST
HT	UN	?

a DX

b ZO

c OE

d SX

e TE

f DE

Lettres / Solutions

Test 1 :

A) S - U.

On saute alternativement une puis deux lettres dans l'alphabet.

B) I - G.

Les lettres de l'alphabet se lisent à l'envers en sautant une lettre à chaque fois.

C) LLL 12.

Les lettres de l'alphabet se suivent en sautant une lettre à chaque fois, le chiffre représente sa position dans l'alphabet, on a successivement une lettre puis deux fois la même puis trois fois et on revient à une fois, etc.

D) I - S.

Deux lectures de l'alphabet se font en sautant une lettre à chaque fois. La première en commençant avec la lettre A, la deuxième avec la lettre K.

E) DCB.

L'alphabet se lit à l'envers par groupe de 3 lettres. Entre chaque groupe on saute une lettre.

Test 2 :

c PARER

Les mots dans les rectangles du haut peuvent tous être précédés du préfixe PRÉ.

Seul PARER répond à la même règle.

Test 3 :

IER

1 H IER 2 L IER

3 F IER 4 N IER

5 PR IER

Test 4 :

A **O** pour former RAYONS

B **P** pour former ESPION

C **L** pour former MILIEU

D **E** pour former ESSIEU

Test 5 :

S X

Les lettres représentent la première et dernière lettre des nombres de un à neuf, donc il manque le six, qui correspond à la case d.

Mots / 1

Complétez la case vide avec l'une des propositions ci-dessous.

TIEDE	EMIR
DIETE	RIME
EDITE	?

a	b	c	d	e
DEPIT	PIED	MIRE	DIME	MITE

Mots / 2

Les mots de la liste de droite sont des anagrammes de ceux de la liste de gauche, Reliez-les. (Anagramme = mot différent formé avec les mêmes lettres.)

Estaminet	**Attente**
Gamine	**Saturer**
Ratures	**Avaler**
Artere	**Tantiemes**
Lavera	**Minage**
Etetant	**Arrete**

Mots / 3

Complétez les cases vides de ces mots croisés dont les mots horizontaux peuvent aussi se lire verticalement.

s	o	t	t	e
o				s
t				t
t				e
e	s	t	e	r

Mots / 4

Pouvez-vous retrouver les anagrammes de cette liste de mots ?

Estaminet	
Gamine	
Ratures	
Artère	
Lavera	
Etétant	

Mots / 5

Insérez, entre les lettres des mots de la grille ci-dessous, les groupes de lettres proposés en bas, afin de former d'autres mots.

nuque bar

gite butte

étage

rage ailleurs

re massa gui meri

taille pousse rouet

Test 1 :

C

MIRE

Tous les mots figurant dans les carrés sont des anagrammes en lecture verticale. Mire est l'anagramme de EMIR et RIME.

Test 2 :

Estaminet	Tantiemes
Gamine	Minage
Ratures	Saturer
Artere	Arrete
Lavera	Avaler
Etetant	Attente

Test 3 :

s	o	t	t	e
o	t	e	e	s
t	e	i	n	t
t	e	n	t	e
e	s	t	e	r

Mots / Solutions

Test 4 :

Estaminet	Tantièmes
Gamine	Minage
Ratures	Saturer
Artère	Arrête
Lavera	Avaler
Etétant	Attente

Test 5 :

girouette numérique burette
batailler ramassage époussetage
aiguilleurs

Cartes à jouer / 1

Quelle doit être la dernière carte ?

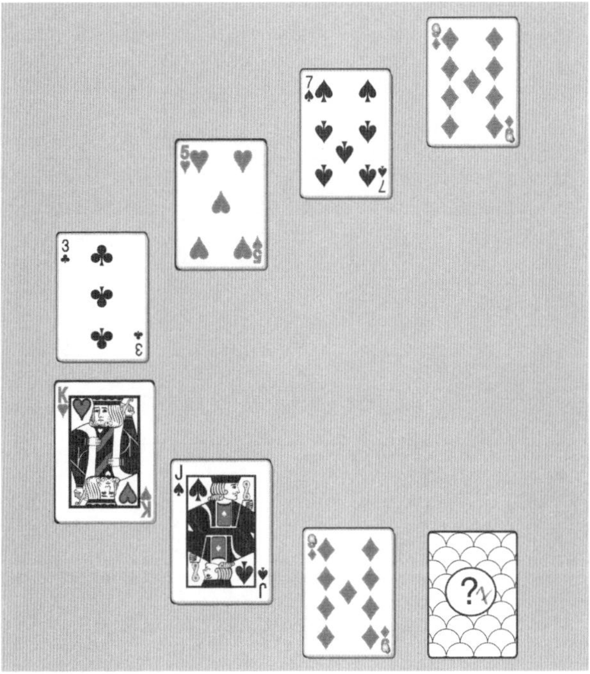

Cartes à jouer / 2

Quelle doit être la dernière carte ?

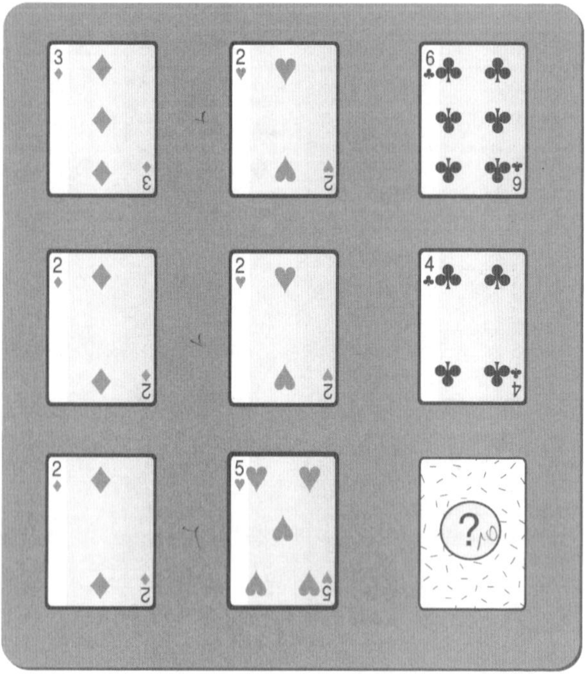

Cartes à jouer / 3

Quelle doit être la dernière carte ?

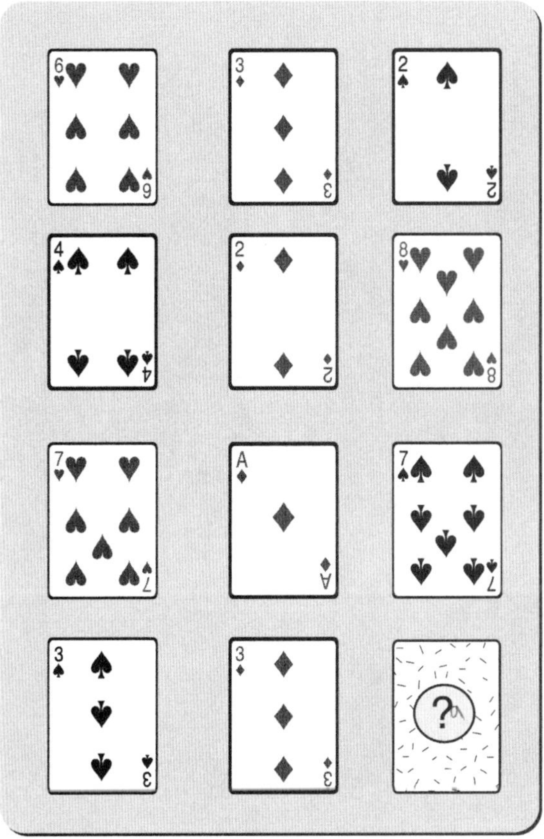

Cartes à jouer / 4

Quelle doit être la carte cachée ?

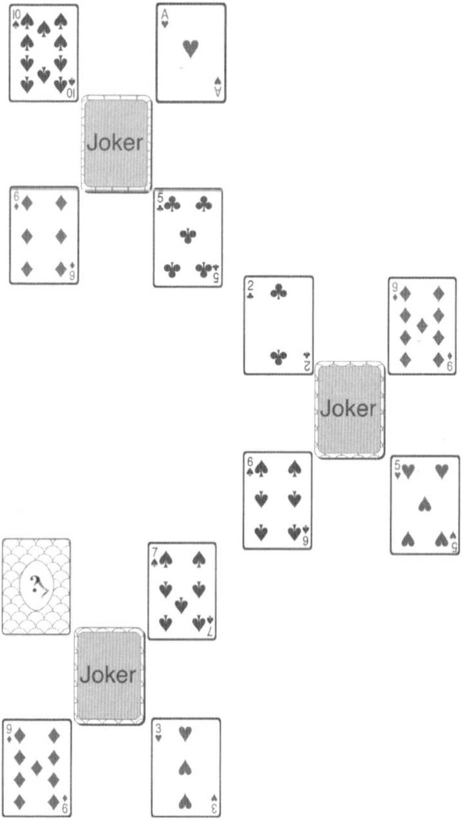

Cartes à jouer / 5

Quelle doit être la carte cachée ?

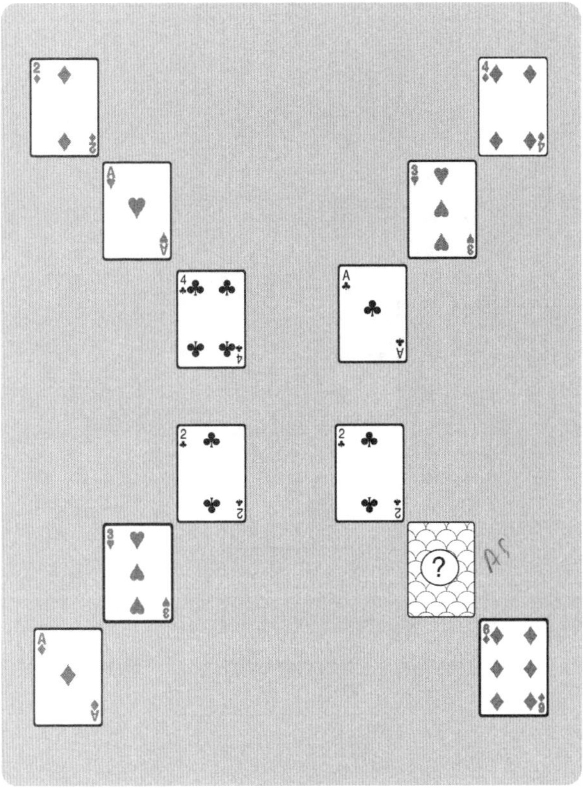

Cartes à jouer / 6

Quelle doit être la carte cachée ?

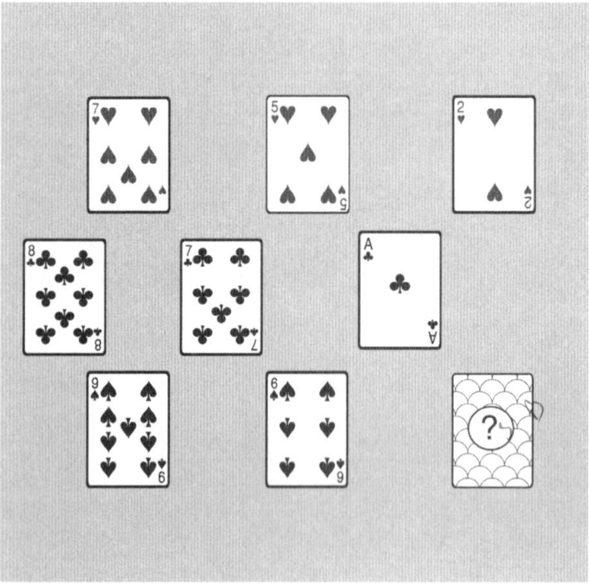

Cartes à jouer / 7

Quelle doit être la carte cachée ?

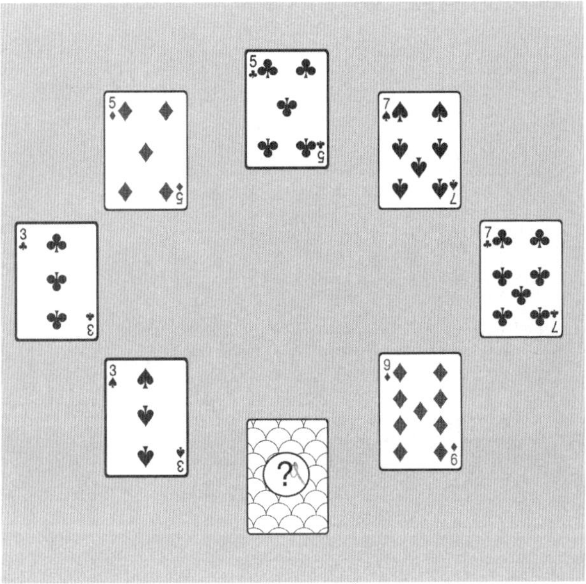

Cartes à jouer / 8

Quelle doit être la carte cachée ?

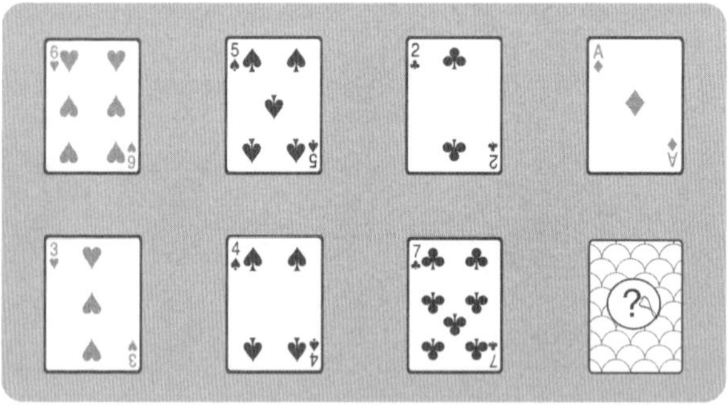

Cartes à jouer / 9

Quelle doit être la carte cachée ?

Cartes à jouer / 10

Quelle doit être la carte cachée ?

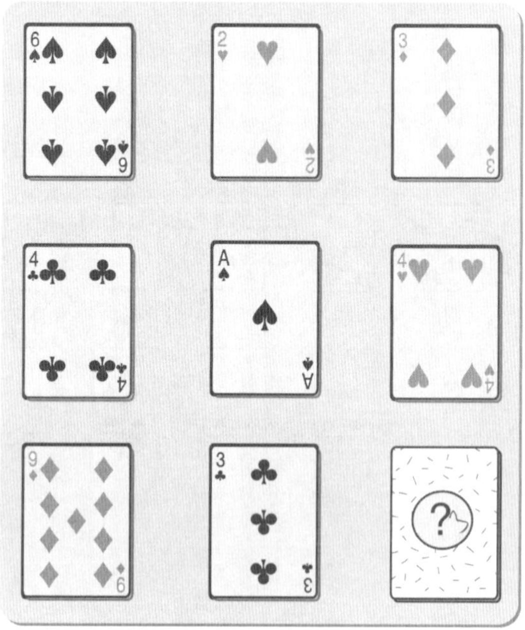

Test 1

Les cartes croissent de 2 en 2, de gauche à droite en allant vers le haut et décroissent de gauche à droite en allant vers le bas. Dans chaque alignement, on a toujours une carte de chaque couleur pique, cœur, carreau, trèfle.

Test 2

Les cartes de la troisième colonne ont pour valeur le produit des 2 cartes qui les précèdent sur leur rangée. On a toujours sur chaque rangée les couleurs carreau, cœur et trèfle.

Test 3

Les cartes à carreau du centre sont des multiplicateurs quand elles sont situées à droite d'un pique et deviennent des cœurs, ou des diviseurs si elles sont situées à droite d'un cœur et deviennent des piques.

Test 4

Dans chaque groupe de cinq cartes, les cartes situées verticalement par rapport au joker ont toujours une différence entre elles de 4 points. D'autre part, on a toujours dans chaque groupe, les couleurs pique, cœur, carreau et trèfle.

Cartes à jouer / Solutions

Test 5

La somme de chaque trio de cartes augmente toujours dans le sens des aiguilles d'une montre 6,7,8,9,en partant de l'as de carreau. Les couleurs sont les mêmes en partant de l'extérieur vers l'intérieur.

Test 6

Dans chaque rangée horizontale, la carte située à l'extrême droite représente la différence entre les deux précédentes. Les couleurs sont les mêmes horizontalement.

Test 7

Les cartes progressent de 2 en 2 dans le sens des aiguilles d'une montre, 3, 5, 7, 9, elles sont répétées une fois. Les couleurs sont identiques sur l'axe horizontal ou sur les diagonales.

Test 8

Le total de chaque rangée verticale fait toujours 9. Les couleurs sont identiques verticalement.

Test 9

Verticalement, le total des cartes augmente de deux en deux. On a successivement 8, 10, 12, 14, donc il faut 7 pour faire 16. Les couleurs sont toujours carreau en haut et cœur en bas.

Test 10

La carte de gauche représente le quotient des deux cartes situées à droite. Les cartes sont toujours dans le même ordre (carreau, cœur, trèfle) horizontalement.

Dominos / 1

Quel domino doit logiquement remplacer les cases vides ?

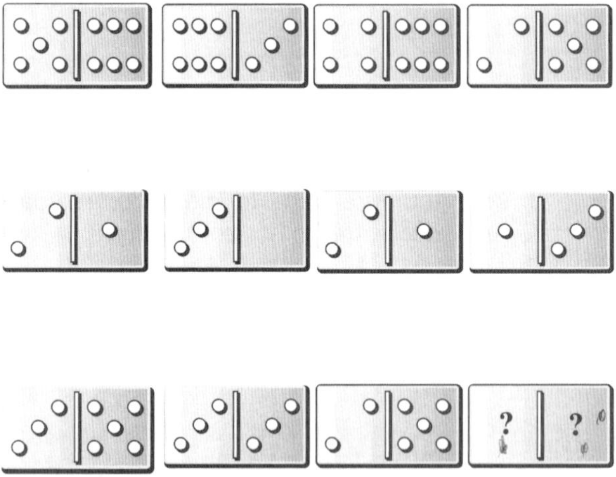

Dominos / 2

Complétez le domino vide.

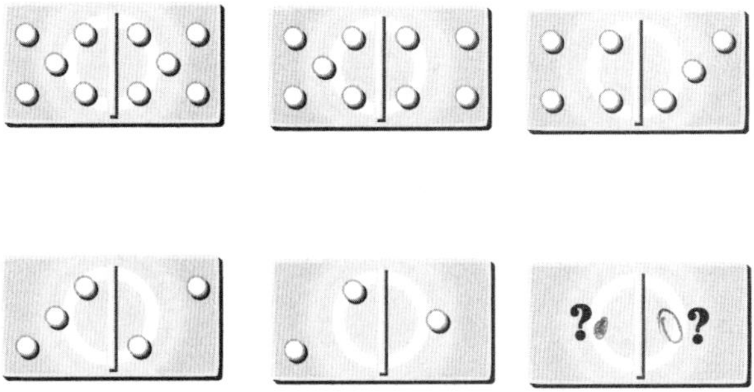

Dominos / 3

Complétez le domino vide.

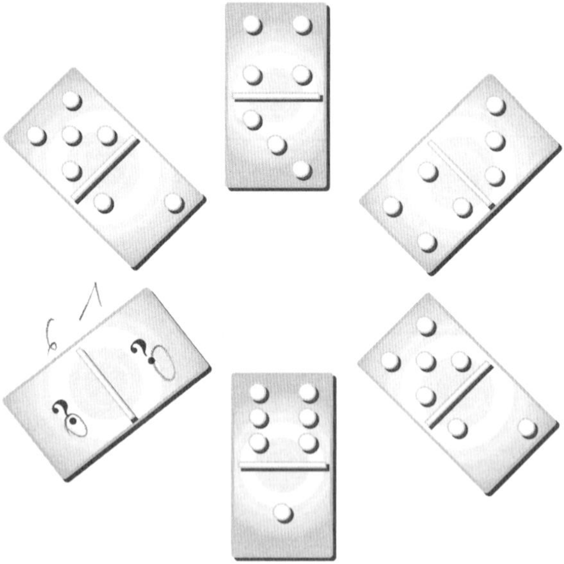

Dominos / 4

Complétez le domino vide.

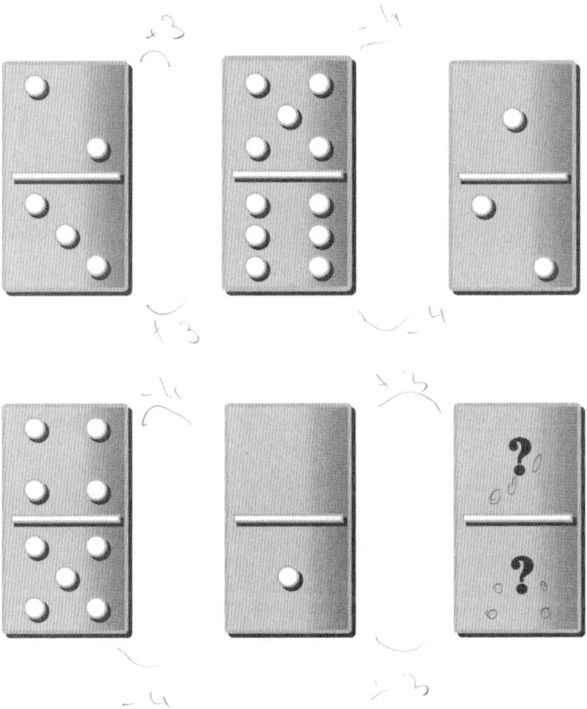

Dominos / 5

Complétez le domino vide.

Dominos / 6

Complétez le domino vide.

Dominos / 7

Complétez le domino vide.

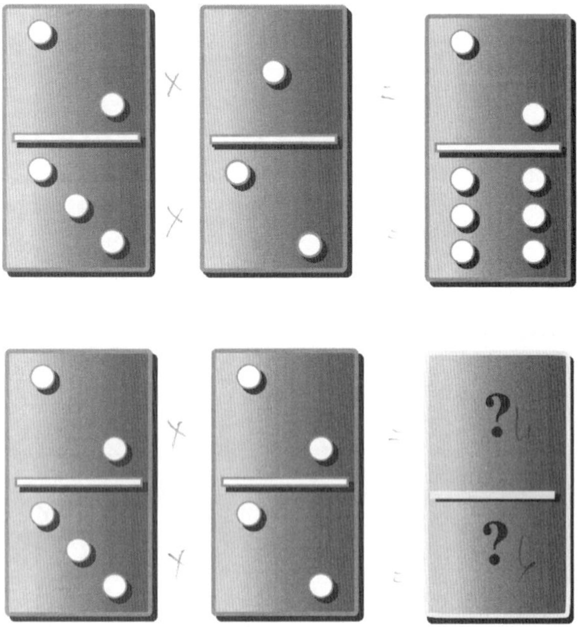

Dominos / 8

Complétez le domino vide.

Dominos / 9

Complétez le domino vide.

Dominos / 10

Complétez le domino vide.

Dominos / Solutions

Test 1
Les dominos situés dans la rangée du bas représentent la différence entre les deux dominos situés au-dessus.

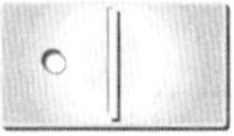

Test 2
Les dominos décroissent de gauche à droite et chaque fin de domino se répète sur le suivant. Les dominos se lisent dans le sens de la lecture.

Test 3
Série croissante au centre et décroissante à l'extérieur, se lisant dans le sens des aiguilles d'une montre. De plus le total des points de chaque domino est toujours de 7 (on ne tient donc pas compte du domino 0 dans cette série).

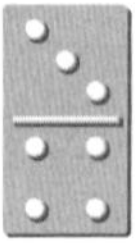

Test 4
Les dominos se lisent verticalement et progressent d'un point par moitié de domino. A chaque nouvelle colonne on reprend la dernière moitié du domino précédent. Après un six on reprend à 0 comme dans un jeu de domino normal.

Test 5
Chaque domino a son double inversé sur un axe horizontal ou vertical.

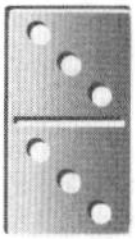

Test 6

Les dominos sont tous des doubles dominos; dans la série il manque donc le double 3.

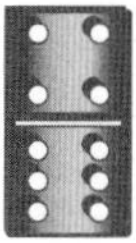

Test 7

Dans chaque rangée, le troisième domino est obtenu en multipliant les cases des deux premiers dominos.

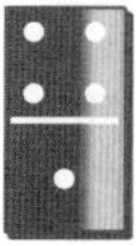

Test 8

La pyramide de dominos du haut est exactement symétrique mais inversée par rapport à celle du bas. Les dominos de gauche sont aussi symétriquement inversés par rapport à la droite.

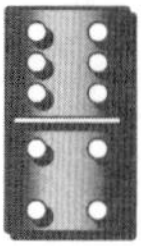

Test 9

En lecture verticale, la partie supérieure du domino du bas représente le produit des deux cases supérieures des dominos situés au-dessus. La partie inférieure représente la différence entre la case du bas du premier domino et du second.

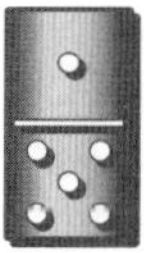

Test 10

Les cases supérieures des dominos croissent dans le sens de la lecture alors que celles du bas décroissent.

Tests classiques / Résultats et commentaires

Comptez 5 points par réponse exacte. Faites le total de vos points pour l'ensemble des tests classiques et reportez-vous au tableau ci-dessous.

De 0 à 60 points / NIVEAU MOYEN

Vous avez des lacunes dans certains secteurs, c'est évident, et il est possible que certaines questions vous aient fait plonger soit parce que vous y avez perdu trop de temps soit parce que vous êtes passé à côté. Cherchez vos points faibles et entraînez-vous là où vous pensez pouvoir combler ces faiblesses. Essayez de bien aborder les techniques des tests afin de les appréhender avec plus de sérénité la prochaine fois. Le but de ce livre est de vous y aider. Peut-être serez-vous meilleur(e) dans les tests suivants.

De 61 à 120 points / ASSEZ BON NIVEAU

Vous êtes dans une situation très encourageante. Avec de l'entraînement, vous pourriez vite passer dans la catégorie supérieure. Entraînez-vous surtout là où vous vous sentez le plus faible et essayez de vous améliorer pour gagner des points. Testez-vous dans les disciplines suivantes en espérant que votre niveau sera aussi bon.

Plus de 120 points / TRÈS BON NIVEAU

On peut dire que vous avez réussi avec brio ces tests qui étaient assez difficiles. Vous pouvez tranquillement rester dans cette catégorie si vous pratiquez régulièrement ces tests d'entraînement. Et si vous vous présentez à un entretien ou un examen d'entrée dans un futur proche, soyez rassuré(e), vous avez de bonnes chances de vous trouver parmi les meilleurs. Faites les tests suivants pour voir si vous gardez cette excellente moyenne.

Les nouveaux tests

Matrices / 1

Quelle figure (a, b, c, d ou e) s'inscrira dans la case avec un point d'interrogation ?

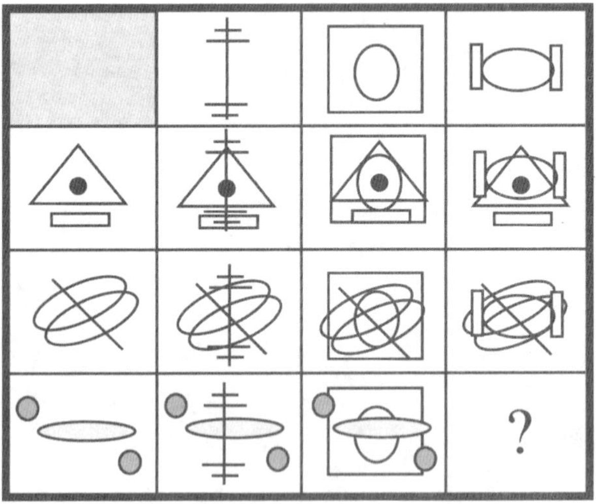

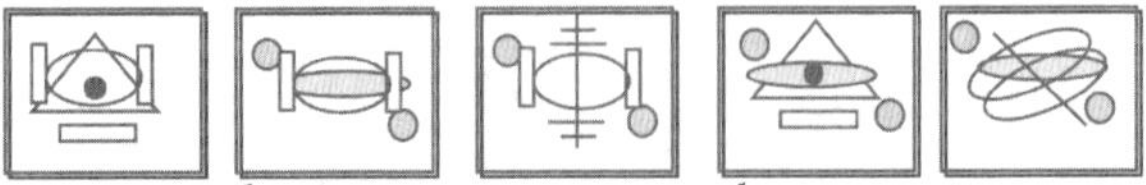

a b c d e

Matrices / 2

Quelle est la case numérotée qui ne suit pas la même règle de logique que les autres ?

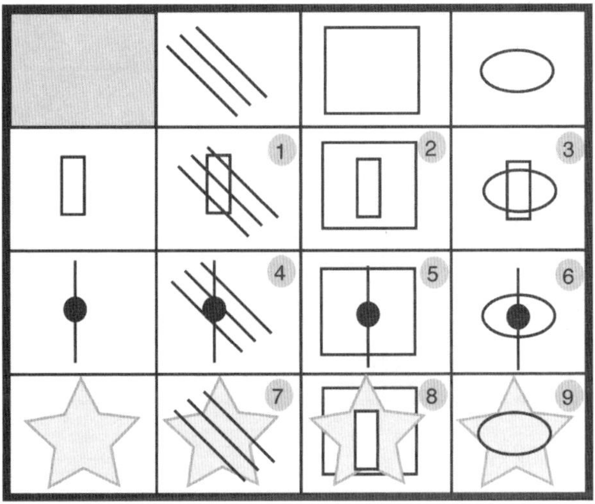

Matrices / 3

Quelle figure (a, b, c, d, e ou f) s'inscrira dans la case vide ?

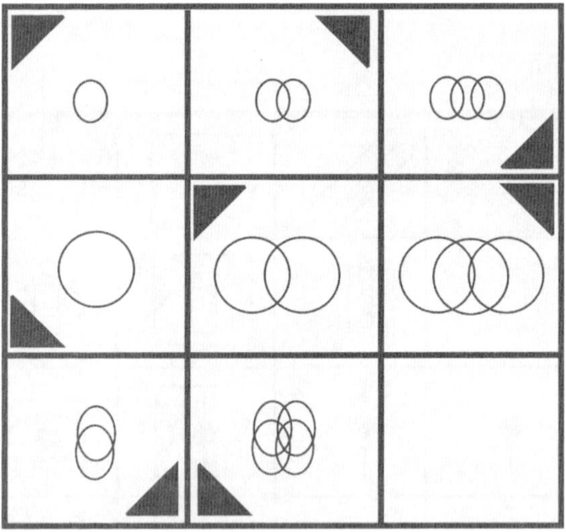

a 

b 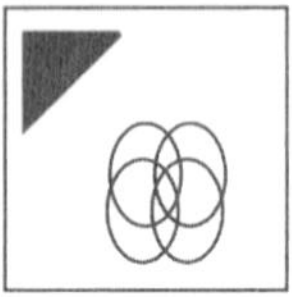

c 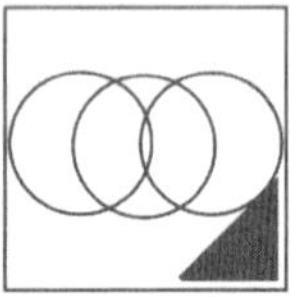

d 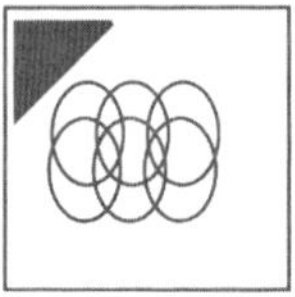

e 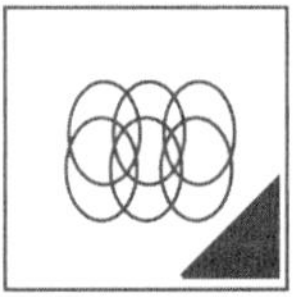

f 

Matrices / 4

Quelle figure (a, b, c, d, e, ou f) doit-on placer dans la dernière case ?

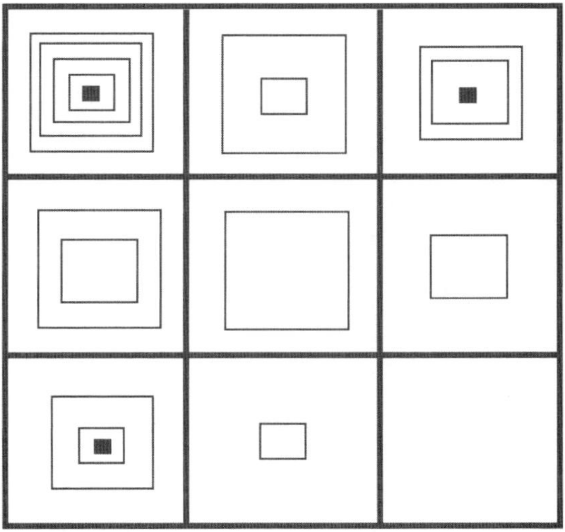

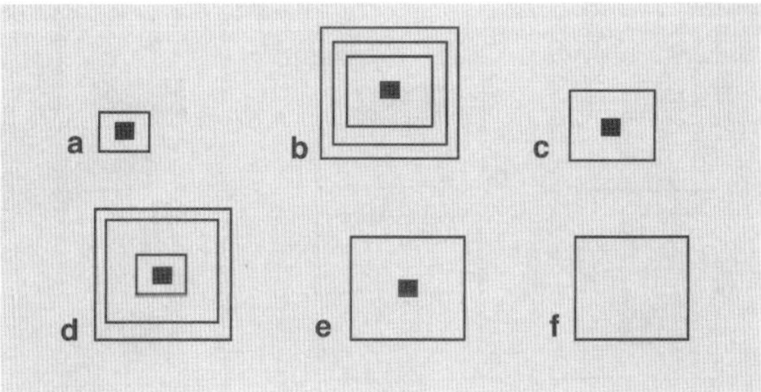

Matrices / 5

Parmi les figures proposées, quelle est celle qui doit se placer logiquement dans la dernière case ?

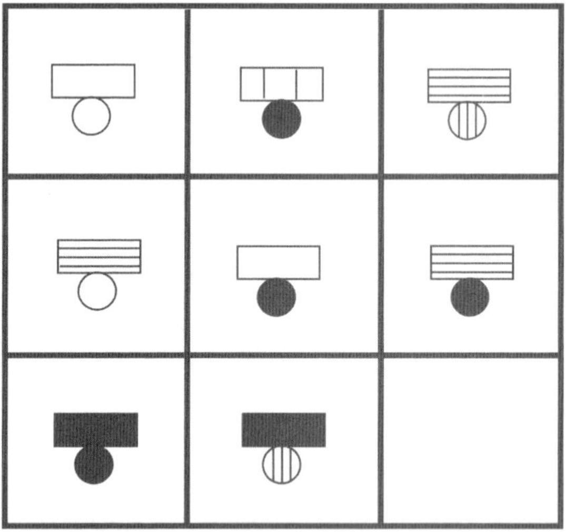

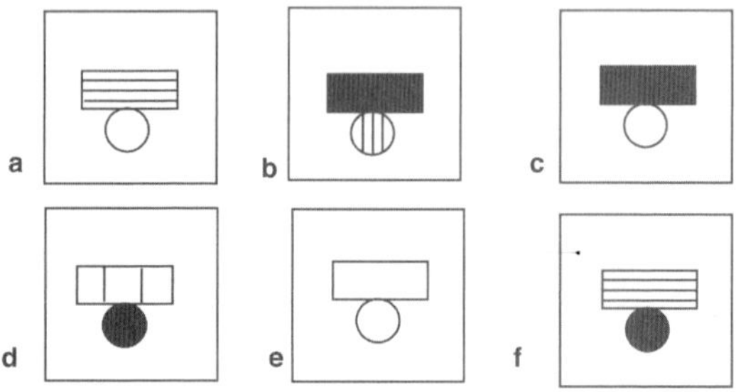

Matrices / 6

Quelle figure du bas doit compléter la case vide ?

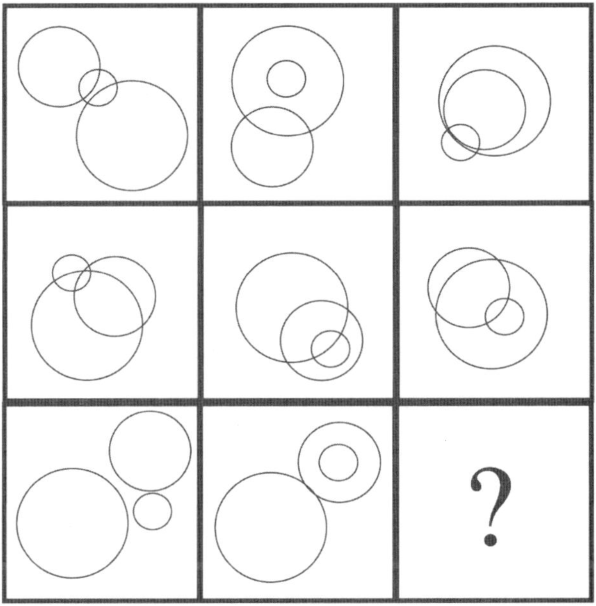

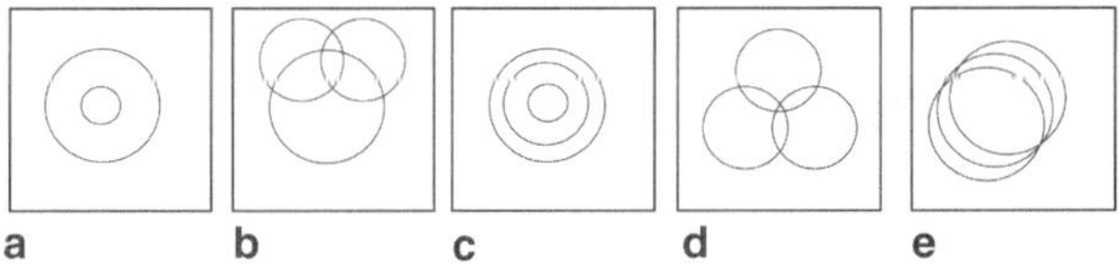

Matrices / Solutions

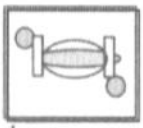
b

Test 1 : solution b
Dans chaque carré, on superpose la figure située à l'extrême gauche avec celle située tout en haut.

8

Test 2 : solution 8
Les figures numérotées représentent la superposition de la ou des figures situées au-dessus et à gauche La figure 8 ne correspond pas à cette logique qui devrait être ainsi : 

Test 3 : solution d
Horizontalement, à chaque case on trouve une forme de plus et le petit triangle bleu se déplace d'une case à l'autre dans chaque angle, dans le sens des aiguilles d'une montre.

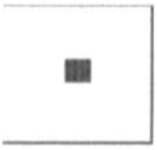

Test 4 : solution e
Les figures se lisent horizontalement et verticalement ; la première figure ôtée de la deuxième donne la troisième.

Test 5 : solution c
Dans chaque case, on trouve une figure différente ; seule la case C ne se trouve pas déjà dans l'une des cases de la matrice.

Test 6 : solution c
Dans chaque carré, il y a toujours trois cercles de tailles différentes.

Décryptages / 1

Quelle figure (A, B , C, ou D) s'inscrira dans la case vide ?

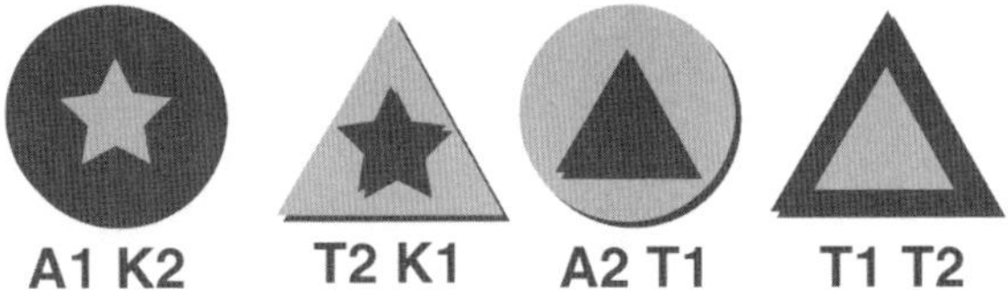

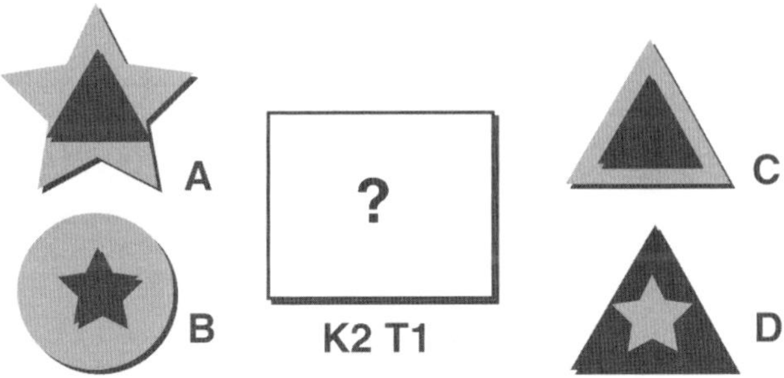

Décryptages / 2

Quelle figure (a, b, c, d) s'inscrira dans la case vide ?

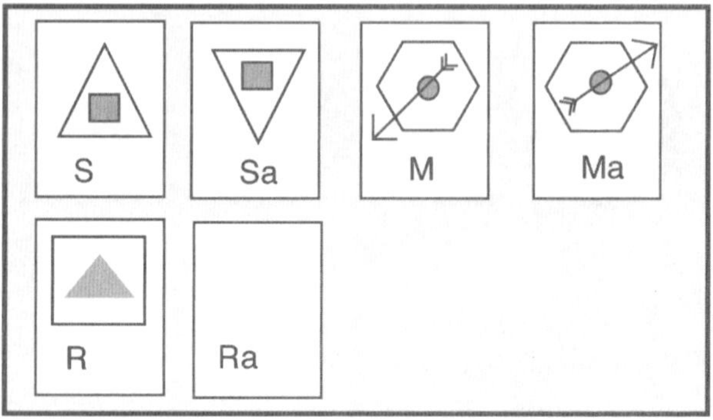

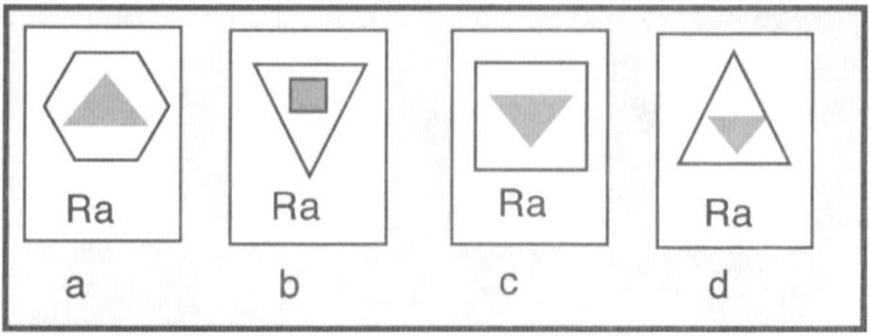

Décryptages / 3

Quelles lettres devront figurer dans les cases vides ?

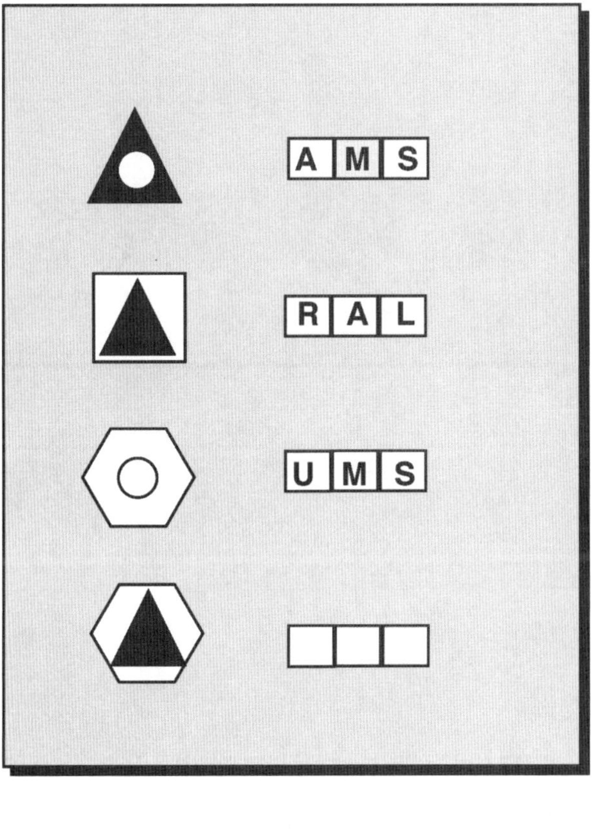

Décryptages / 4

Quel groupe de lettres (A, B, C, D, E) doit-on placer sous la dernière figure ?

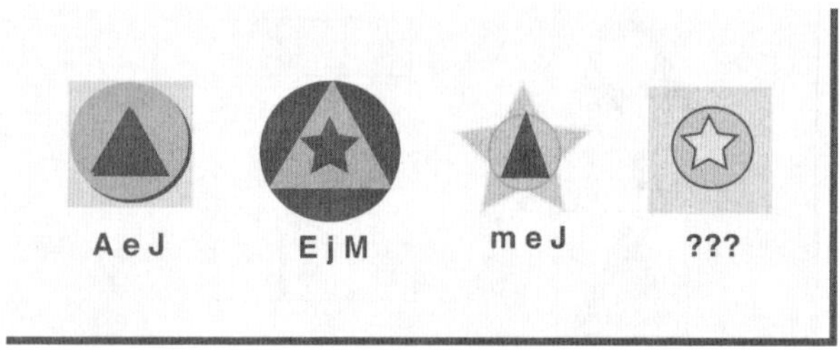

M j A	a j M	e J M	A J m	Ae m
A	B	C	D	E

Décryptages / 5

Quelle figure numérotée doit se trouver dans la case vide ?

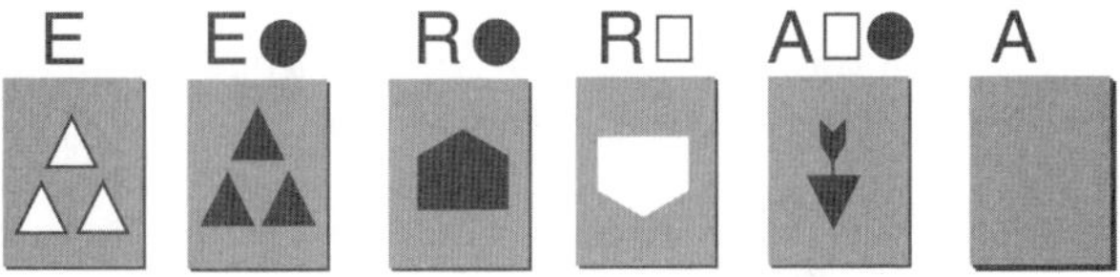

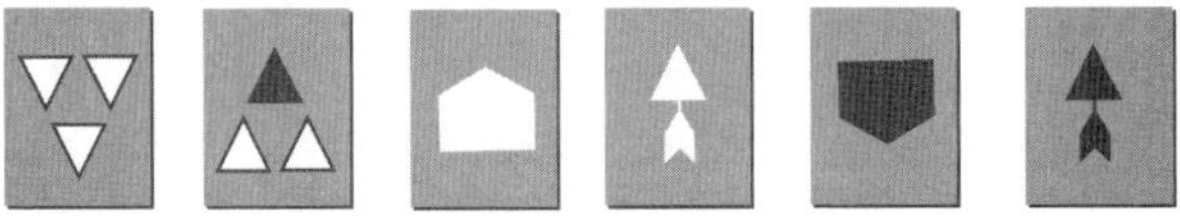

1 2 3 4 5 6

Décryptages / Solutions

Test 1 : solution a
Première lettre = figure extérieure, deuxième lettre = figure centrale. Le chiffre 1 correspond à la couleur foncée, le 2 à la couleur claire.

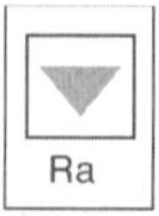

Test 2 : solution c
Lettre en capitale = figure à l'endroit, même lettre plus (a) en minuscule = même figure à l'envers.

| U | A | L |

Test 3
Figure extérieure = 1e lettre
Figure centrale = 2e lettre
Couleur figure centrale = 3e lettre

A e m
E

Test 4
Première lettre = figure extérieure, deuxième lettre = deuxième figure intérieure, troisième lettre = figure centrale. La majuscule = figure grise ou bleu clair, la lettre minuscule = la figure en bleu foncé.

Test 5 : solution 4
Une lettre = figure blanche. Même lettre plus rond bleu = même figure en bleu foncé. Lettre avec un carré blanc = même figure en blanc mais à l'envers. Lettre avec carré blanc = figure à l'envers, avec en plus un point bleu, = figure en bleu foncé. Lettre seule = même figure blanche et à l'endroit.

Carrés logiques / 1

Quel nombre faut-il placer en bas de la grille, sachant que :

les chiffres situés à l'extérieur de la grille :

- à gauche, représentent le nombre de chiffres dans cette rangée qui sont dans le nombre à trouver.
- à droite, représentent le nombre de chiffres parmi ceux-ci, qui se trouvent à leur bonne place dans le nombre à trouver.

3	4	5	3	2	1	0
2	7	3	1	2	6	0
4	5	7	4	1	0	3
4	4	1	8	6	0	3
4	5	6	2	0	4	1

Carrés logiques / 2

Quelles figures faut-il placer en bas de la grille sachant que :

les chiffres situés à l'extérieur de la grille :

- à gauche, représentent le nombre de figures dans cette rangée qui sont à placer en bas.
- à droite, représentent le nombre de figures parmi celles-ci, qui se trouvent à leur bonne place dans la grille du bas.

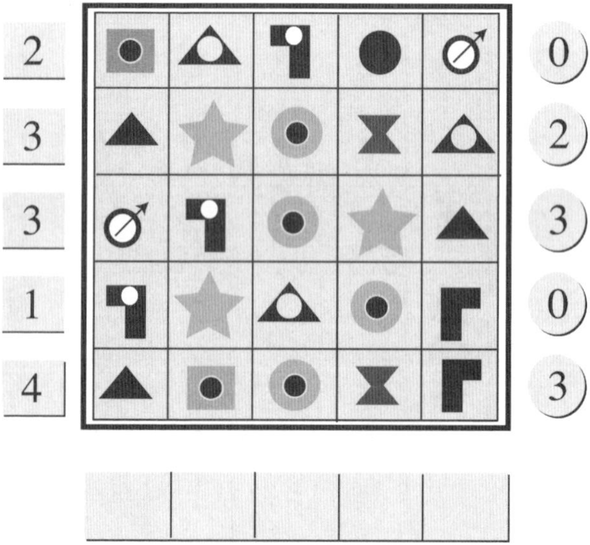

Carrés logiques / 3

Quelles figures faut-il placer en bas de la grille sachant que :

les chiffres situés à l'extérieur de la grille :

- à gauche, représentent le nombre de chiffres dans cette rangée qui sont dans le nombre à trouver.

- à droite, représentent le nombre de chiffres parmi ceux-ci, qui se trouvent à leur bonne place dans le nombre à trouver.

1	7	0	9	1	3	1
3	9	8	6	5	7	1
4	3	8	5	1	6	3
3	0	7	8	5	1	0
3	6	9	5	2	0	2

Carrés logiques / 4

Quelles figures faut-il placer en bas de la grille, sachant que :

les chiffres situés à l'extérieur de la grille :

- à gauche, représentent le nombre de figures dans cette rangée qui sont à placer en bas.
- à droite, représentent le nombre de figures parmi celles-ci, qui se trouvent à leur bonne place dans la grille du bas.

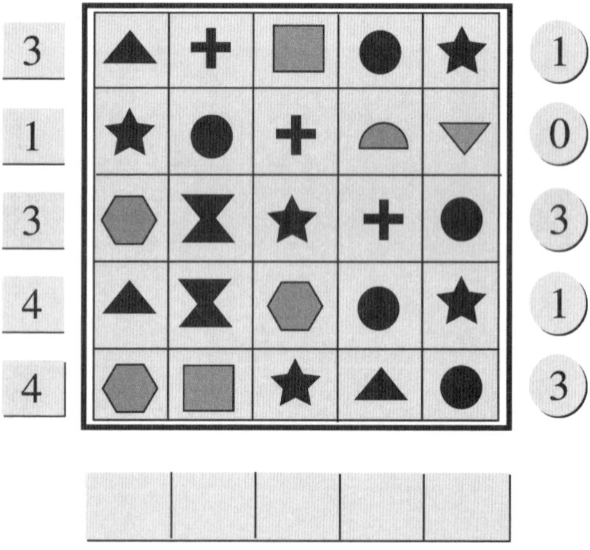

Carrés logiques / 5

Quelles lettres faut-il placer en bas de la grille, sachant que :

les chiffres situés à l'extérieur de la grille :

- à gauche, représentent le nombre de lettres dans cette rangée qui sont à placer en bas.
- à droite, représentent le nombre de lettres parmi celles-ci qui se trouvent à leur bonne place dans la grille du bas.

2	D	A	O	F	X	1
1	D	U	X	O	B	0
4	C	A	U	B	F	4
3	A	D	O	B	F	2
4	E	A	C	F	D	1

Carrés logiques / Solutions

Test 1

5	1	4	6	0

Test 2

Test 3

6	8	5	1	2

Test 4

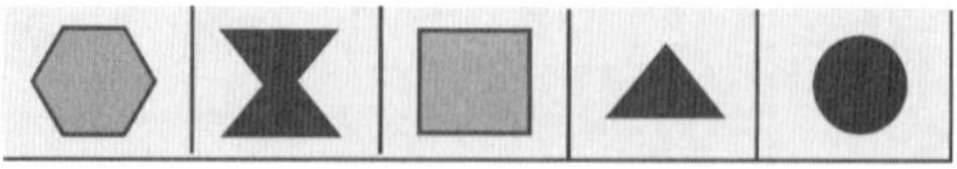

Test 5

C	A	E	B	F

Tests d'observation / 1

Ces pièces sont en double et se reflètent dans un miroir déformant. Seule une paire est rigoureusement identique dans son reflet. Laquelle ?

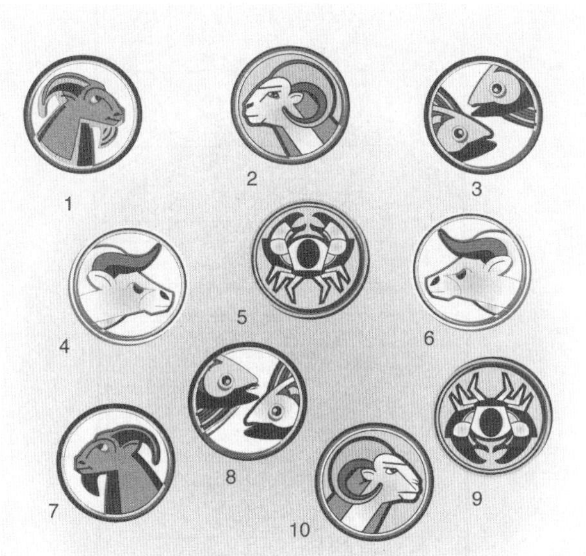

Tests d’observation / 2

Si on plaçait le cache du bas sur la grille du haut, on verrait apparaître le nom : 1- d'un animal, 2 - d'un vêtement, ou 3 - d'une fleur ?

A	G	C	H	R
E	Y	N	O	N
X	U	L	O	I
L	A	N	E	L
E	R	U	E	T

A		C	H	
	Y			N
X		L	O	
	A	N	E	
E	R	U		T

Tests d'observation / 3

Trois chiffres ont disparu dans la grille B, lesquels ?

A

B

Tests d'observation / 4

Quelle figure apparaît le plus grand nombre de fois ?

Quelle est celle qui apparaît le moins souvent ?

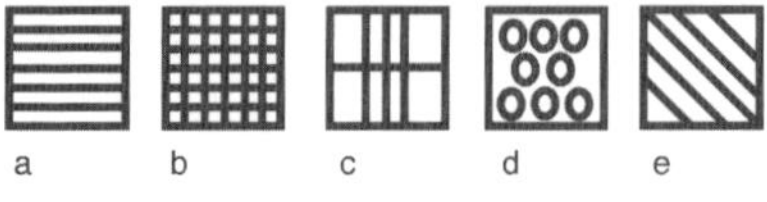

Tests d'observation / 5

Quelle figure apparaît dans le rectangle A et pas dans le rectangle B ?

A

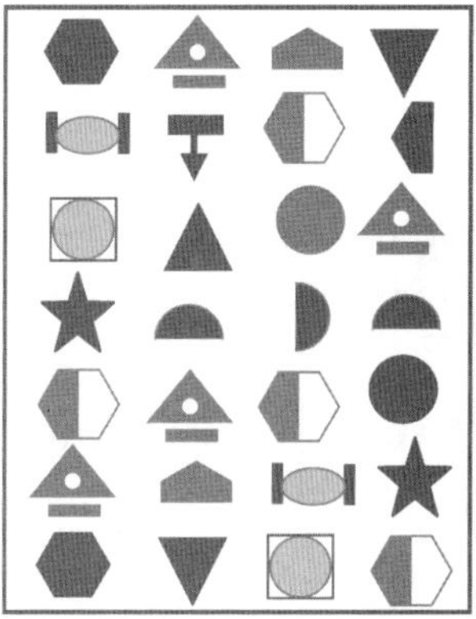

B

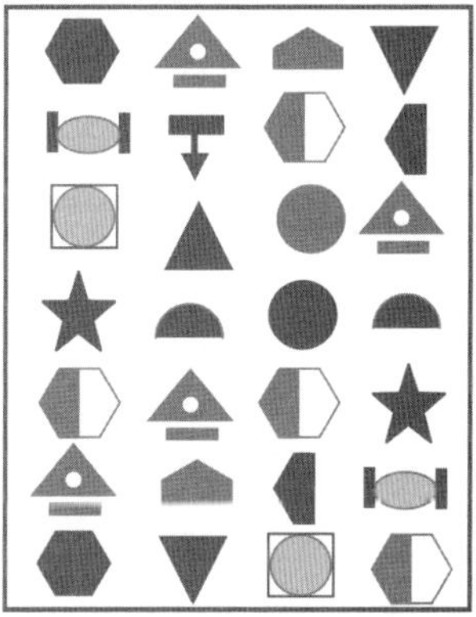

Tests d'observation / Solutions

Test 1 : 4 et 6

Test 2 : 1 – on verrait apparaître le mot grenouille.

Test 3 : 6 3 5

Test 4 :  **b** qui apparaît le plus souvent (10 fois).

 **e** qui apparaît le moins souvent (6 fois).

Test 5 :  seule figure qui apparaît dans le rectangle A mais pas dans le rectangle B.

Nouveaux tests / Résultats et commentaires

Comptez 10 points par réponse exacte. Faites le total de vos points pour l'ensemble des nouveaux tests et reportez-vous aux tableaux ci-dessous.

De 0 à 60 points / NIVEAU MOYEN

Vous avez de vraies faiblesses dans certains secteurs, c'est évident. Si vous êtes meilleur dans une catégorie plutôt que dans une autre, essayez de vous améliorer dans celle-ci, et entraînez-vous sérieusement dans les disciplines où vous êtes plus faible afin de combler vos lacunes. Il vous faut progresser sérieusement si vous voulez vous présenter prochainement à des tests de recrutement.

De 61 à 120 points / ASSEZ BON NIVEAU

Si vous avez eu la même note dans les tests précédents, cela est extrêmement encourageant car avec de l'entraînement, vous pourriez vite passer parmi les meilleurs. Efforcez-vous de bien travailler sur les mécanismes des tests. Exercez-vous surtout là où vous vous sentez plus fragile et prenez bien note de vos points faibles pour les améliorer rapidement.

Nouveaux tests / Résultats et commentaires

Plus de 120 points / TRÈS BON NIVEAU

Bravo ! Vous avez réussi ces tests qui étaient d'un bon niveau. Vous pouvez tranquillement rester dans cette catégorie, et même vous perfectionner encore si vous pratiquez régulièrement ces tests d'entraînement. Si vous avez moins bien réussi dans les tests précédents, exercez-vous là aussi, car vous avez de bonnes chances de vous assurer un bon classement lors d'un test de recrutement.

Tests
de culture générale

Les tests de connaissance font essentiellement appel à la mémoire et à la connaissance de vos programmes d'études, de la lecture des journaux ou des livres que vous avez acquis depuis quelques années.

Ces tests sont moins courants que les tests de logique mais sont surtout pratiqués dans les secteurs professionnels où les contacts sont importants et impliquent une certaine culture générale.

Le monde

1

Alfred Nobel, qui fonda les prix Nobel était :

A Médecin
B Physicien
C Mathématicien
D Chimiste

2

Où se trouve le musée de L'Ermitage ?

A En France
B En Russie
C En Tchécoslovaquie
D En Italie

3

La *Marseillaise*, avant de devenir l'hymne national, portait un autre nom, lequel ?

A Le chant pour l'armée du Rhin
B La marche des Marseillais
C Le chant du 9 Thermidor
D L'hymne à la gloire de la convention

4

Montoire a été rendu célèbre par :

A Un attentat
B L'un de ses habitants
C Une rencontre
D Une invention

5

Quelle était la nationalité de Copernic ?

A Français
B Suisse
C Autrichien
D Polonais

6

Lequel de ces maréchaux était surnommé « le Brave des braves » ?

A Ney
B Bernadotte
C Davout
D Murat

7

Quel château fut bâti pour François Ier ?

A Chambord
B Fontainebleau
C Anet
D Chantilly

8

L'échelle de Beaufort sert à la mesure :

A Des mouvements sismiques
B De la force du vent
C De la propagation du bruit
D De la force des marées

9

Le mot « commando » est d'origine :

A Espagnole
B Anglaise
C Italienne
D Portugaise

10

Lequel de ces serpents n'est pas venimeux ?

A Le serpent à lunettes
B Le serpent à sonnette
C Le serpent minute
D Le serpent corail

11

« Paris vaut bien une messe » est un mot de :

A Napoléon
B Henri IV
C Talleyrand
D Rabelais

12

Qui a inventé le parachute ?

A Un Français
B Un Américain
C Un Allemand
D Un Hongrois

Arts et loisirs

1

Quel personnage des *Fables* de La Fontaine a pour spécificité d'être « habile à changer de camp » ?

A La mouche
B Le roseau
C La chauve-souris
D Le renard

2

Laquelle de ces villes ne faisait pas partie du *Tour du monde en 80 jours* de Jules Verne ?

A Yokohama
B Le Cap
C San Francisco
D Bombay

3

Lequel de ces sujets a été filmés le plus souvent ?

A Carmen
B Jeanne d'Arc
C La Dame aux camélias
D Roméo et Juliette

4

Quel auteur a créé le personnage de « Mimi pinson » ?

A Zola
B Musset
C Balzac
D Dumas

5 Qui a créé la Société des auteurs dramatiques ?

A Molière
B Corneille
C Beaumarchais
D Marivaux

6 Lequel de ces opéras célèbres est tiré d'une œuvre de Victor Hugo ?

A Rigoletto
B Parsifal
C Don Carlos
D Vêpres siciliennes

7 Quel auteur a vu le nom de son personnage, M. Pipelet, passer dans le langage courant ?

A Maupassant
B Sue
C Flaubert
D Proust

8 Qui fut à l'origine de l'Académie Française ?

A Mazarin
B Richelieu
C Louis XIV
D Colbert

9

Un grand compositeur avait l'habitude de dire qu'il avait horreur du mariage « autant que de l'opéra ». De qui s'agissait-il ?

A Brahms
B Debussy
C Chopin
D Schumann

10

Quel auteur a été candidat à l'élection au poste de président de la République ?

A Chateaubriand
B Michelet
C Lamartine
D Hugo

11

L'actrice Jean Seberg fut l'épouse d'un écrivain, lequel ?

A Arthur Miller
B Tennessee Williams
C Erich Segal
D Romain Gary

12

Quel comédien n'a jamais interprété le rôle du commissaire Maigret ?

A Harry Baur
B Charles Laughton
C Michel Simon
D Raimu

Littérature / 1

Attribuez à chaque auteur la citation qui lui revient parmi les noms proposés dans la liste en bas.

1 « Je conviendrais bien volontiers que les femmes nous sont supérieures – si cela pouvait les dissuader de se prétendre nos égales. »

2 « Il faut choisir d'aimer les femmes ou de les connaître : il n'y a pas de milieu. »

3 « Je consens qu'une femme ait des clartés de tout, mais je ne lui veux point la passion choquante, de se rendre savant afin d'être savante ; et j'aime que souvent, aux questions qu'on fait, elle sache ignorer les choses qu'elle sait. »

4 « On n'aime pas une femme pour ce qu'elle dit ; on aime ce qu'elle dit parce qu'on l'aime. »

5 « La femme est une promesse non tenue. »

A) Molière
B) Maurois
C) Chamfort
D) Guitry
E) Mauriac

Littérature / 2

Inscrivez devant chaque titre la lettre correspondant à son auteur, parmi la liste située en bas.

1 *Ruy Blas* ☐

2 *J'accuse* ☐

3 *La Métamorphose* ☐

4 *Mémoires d'Hadrien* ☐

5 *La Femme du boulanger* ☐

6 *Le Soulier de satin* ☐

A Paul Claudel

B Marguerite Yourcenar

C Marcel Pagnol

D Emile Zola

E Franz Kafka

F Victor Hugo

Littérature / 3

Entourez la case qui correspond à la réponse vrai ou faux, devant chaque question.

1 - Samuel Beckett reçu le prix Nobel de littérature en 1969. V F

2 - Françoise Giroud a attribué l'étiquette « Nouvelle vague » à une nouvelle génération de cinéastes (Chabrol, Truffaut, Godard, Resnais). V F

3 - C'est François Truffaut qui a réalisé « Pierrot le fou ». V F

4 - Cette citation connue est de François de Malherbe : « Mais elle était du monde où les plus belles choses Ont le pire destin, Et rose elle a vécu ce que vivent les roses, L'espace d'un matin. » V F

5 - Epicure résume sa philosophie ainsi :

Nous n'avons rien à craindre des dieux.
La mort ne mérite pas qu'on s'en inquiète.
Le bien est facile à atteindre.
Le terrifiant est facile à supporter.

On donnait aux épicuriens le surnom de : «philosophes du bien-être». V F

6 - Machiavel était d'origine française. V F

Culture générale / Solutions

Le monde
1 : d 2 : b 3 : a 4 : c 5 : d 6 : a
7 : a 8 : b 9 : d 10 : c 11 : b 12 : a

Arts et loisirs
1 : c 2 : b 3 : a 4 : b 5 : c
6 : a (*Le Roi s'amuse*) 7 : b 8 : b 9 : a
10 : c 11 : d 12 : d

Littérature 1
1) D 2) C 3) A 4) B 5) E

Littérature 2
1) Victor Hugo
2) Émile Zola
3) Franz Kafka
4) Marguerite Yourcenar
5) Marcel Pagnol
6) Paul Claudel

Littérature 3
1) Vrai 2) Vrai 3) Faux (Godard) 4) Vrai
5) Faux (l'école du Bonheur) 6) Faux (Italien)

Tests de culture générale / Résultats et commentaires

Comptez 2 points par réponse exacte pour chaque réponse. Faites le total de vos points pour l'ensemble des tests de culture générale et reportez-vous aux tableaux ci-dessous.

De 0 à 25 points / NIVEAU MOYEN

Vous avez des lacunes dans les tests qui font appel à la culture générale, mais cela n'est pas dramatique car dans bien des secteurs professionnels, ça n'est pas exigé. Cependant, il est bien vu d'avoir une culture variée, cela prouve que vous vous intéressez au monde dans l'ensemble. Essayez de lire un peu plus si vous en avez le temps.

De 26 à 50 points / ASSEZ BON NIVEAU

Vous avez une assez bonne note pour pouvoir vous présenter la tête haute à ce genre de tests. Il n'est pas facile de bien connaître tous les domaines, nous en avons choisi trois parmi les plus courants, mais il y en a bien d'autres. Espérons que vous serez interrogé dans des domaines que vous connaissez bien.

Plus de 50 points / TRÈS BON NIVEAU

Bravo ! Votre niveau de culture générale est excellent, ce qui aujourd'hui n'est pas négligeable dans les tests psychotechniques. Cela est pris en considération, même si vous vous orientez vers une profession plus technique. Le meilleur moyen de se stabiliser dans ce secteur est encore la lecture, s'informer à tous les niveaux, par les médias, les livres.

Tests de mémoire

Testez votre niveau

Les chercheurs s'interrogent encore aujourd'hui sur la complexité des fonctions des neurones qui amènent aux diverses activités mentales à l'origine de la mémoire, de l'intelligence, ou encore du langage. La mémoire traduit la présence en nous du souvenir, la possibilité d'emmagasiner des informations et de les restituer de façon plus ou moins réelle, plus ou moins rapidement.

Certaines informations auditives, olfactives, visuelles ou autres, déclenchent en nous des associations de données préalablement stockées dans notre cerveau. Celui-ci fait un tri parmi ces associations pour en sortir une image qui donnera un sens à notre perception. Notre cerveau joue donc un rôle important dans le stockage des informations qu'il reçoit. Au fil des ans et selon les individus, on se rend compte que tous ne réagissent pas de la même façon face à la conservation et au stockage du souvenir. Certains sont plus sensibles que d'autres et mémorisent à des degrés plus ou moins importants.

Voici un petit test qui vous permettra de mesurer le niveau de votre mémoire. Sur une échelle de 1 à 5, pour chacune des questions vous entourerez le chiffre correspondant le mieux à votre réponse. Par exemple, pour la première question, si votre réponse est « souvent », entourez la note la plus élevée ; « jamais », entourez la note la plus basse ; entre les deux, entourez la note qui vous paraît la plus appropriée à votre situation. A la fin du test, vous compterez le nombre de points obtenus et vous vous reporterez aux tableaux des résultats.

1	Quand vous devez faire de nombreux achats, préparez-vous une liste de tout ce que vous allez acheter ?	1 ☐	2 ☐	3 ☐	4 ☐	5 ☐
2	Pouvez-vous reconnaître un aliment en train de cuire rien qu'à son odeur ?	1 ☐	2 ☐	3 ☐	4 ☐	5 ☐
3	Perdez-vous souvent le fil de vos pensées lors d'une conversation à plusieurs ?	1 ☐	2 ☐	3 ☐	4 ☐	5 ☐
4	Avez-vous des dispositions pour parler une langue étrangère ?	1 ☐	2 ☐	3 ☐	4 ☐	5 ☐
5	Vous arrive-t-il de ne plus savoir où vous avez rangé un objet ou un vêtement ?	1 ☐	2 ☐	3 ☐	4 ☐	5 ☐

6	Vous rappelez-vous toujours des dates d'anniversaires importantes ?	1 ☐ 2 ☐ 3 ☐ 4 ☐ 5 ☐
7	Vous arrive-t-il de reconnaître quelqu'un au téléphone rien qu'au son de sa voix ?	1 ☐ 2 ☐ 3 ☐ 4 ☐ 5 ☐
8	Si vous avez mis un vêtement à nettoyer au pressing, vous arrive-t-il de l'oublier ?	1 ☐ 2 ☐ 3 ☐ 4 ☐ 5 ☐
9	Pouvez-vous trouver le titre d'une chanson que vous connaissez très bien si elle passe à la radio ?	1 ☐ 2 ☐ 3 ☐ 4 ☐ 5 ☐
10	Pourriez-vous retrouver un objet usuel dans le noir ?	1 ☐ 2 ☐ 3 ☐ 4 ☐ 5 ☐

		1	2	3	4	5
11	Savez-vous à l'euro près ce que vous avez sur vous ?	☐	☐	☐	☐	☐
12	Vous souvenez-vous toujours des codes importants que vous utilisez régulièrement ?	☐	☐	☐	☐	☐
13	Pouvez-vous dire, une semaine après avoir vu un bon film, quels en étaient les principaux acteurs ?	☐	☐	☐	☐	☐
14	Si quelqu'un chez vous changeait tous vos objets de place, sauriez-vous retrouver leur emplacement initial ?	☐	☐	☐	☐	☐
15	Vous souvenez-vous de votre numéro de Sécurité sociale par cœur ?	☐	☐	☐	☐	☐

16	Pourriez-vous décrire comment était habillé votre compagnon le jour où vous l'avez rencontré la première fois ?	1 ☐ 2 ☐ 3 ☐ 4 ☐ 5 ☐
17	Sauriez-vous refaire de mémoire une recette de cuisine que vous avez déjà exécutée il y a une semaine ?	1 ☐ 2 ☐ 3 ☐ 4 ☐ 5 ☐
18	Vous souvenez-vous de toutes vos tables de multiplication ?	1 ☐ 2 ☐ 3 ☐ 4 ☐ 5 ☐
19	Un excellent dîner chez des amis ; pourriez-vous vous souvenir du menu le lendemain ?	1 ☐ 2 ☐ 3 ☐ 4 ☐ 5 ☐
20	Cherchez-vous souvent un mot que vous avez « sur le bout de la langue » ?	1 ☐ 2 ☐ 3 ☐ 4 ☐ 5 ☐

Vous avez entre 0 et 49 points

Votre mémoire semble vous laisser un peu tomber. Soit vous traversez une période difficile physiquement ou intellectuellement, et dans ce cas, refaites un peu plus tard le test ; soit vous ne l'entraînez pas assez, et c'est vous qui la laissez tomber. Il faut vraiment vous concentrer sur ce problème, qui peut nuire à votre avancement professionnel, ou même dans certains cas de tests de recrutement, vous faire recaler. Faites les tests suivants pour voir quels sont les secteurs où il vous faut travailler le plus.

Vous avez entre 50 et 70 points

Vous avez une mémoire qui se situe dans la bonne moyenne et vous faites partie de ces personnes qui peuvent espérer s'améliorer rapidement avec de l'entraînement. Très probablement vous avez des petites lacunes dans certains secteurs. Testez vos points faibles dans les différents tests suivants pour pouvoir éventuellement passer dans la catégorie supérieure.

Test de mémoire / Résultats

Vous avez plus de 70 points

Bravo ! Vous avez une excellente mémoire au quotidien. Ce qui ne veut pas forcément dire que votre mémoire fonctionne dans tous les domaines. Essayez les différents tests que nous vous proposons dans ce chapitre afin de connaître vos lacunes, s'il y en a, dans les secteurs suivants : mémoire visuelle, numérique ou verbale de façon à améliorer votre mémoire dans ceux où vous êtes le plus faible.

En dehors de processus purement biologiques, tels que lésions ou vieillissement, l'absence de mémoire, ou l'oubli, est en général provoqué par l'absence d'indices de récupération. Comme dans une immense bibliothèque, les informations que l'on croyait oubliées sont en fait conservées et ne peuvent ressurgir si on ne les sollicite pas. L'oubli n'est pas directement proportionnel au temps passé.

Les psychologues modernes, eux, pensent que l'oubli serait dû à des interférences « proactives » et aux efforts d'acquisition de nouveaux savoirs, créant des interférences « rétroactives » ; ils affirment par conséquent que le repos et le sommeil sont propices à la conservation du souvenir. Certains d'entre nous ont une excellente mémoire visuelle, d'autres verbale, d'autres encore préfèrent les chiffres. Ce qui intéresse les psychologues, c'est l'ensemble des fonctions qui permettent de retenir des expériences vécues. Notre mémoire, en effet, joue un rôle essentiel dans notre vie professionnelle et, à ce titre, intéresse de plus en plus de cabinets de recrutement.

C'est la raison pour laquelle nous vous proposons cette section mémoire, qui n'est plus à négliger dans l'appréhension des tests d'entreprise. Les images, une fois associées à des codes personnels, nous aident à retenir des visuels qui n'ont au premier abord aucune signification, tels des figures, images, chiffres ou lettres n'ayant aucun sens particulier. Il suffit alors de leur en donner un pour pouvoir mieux les restituer.

Parmi les différentes méthodes, celle qui est la plus durable est la méthode par association ; c'est celle que nous préconisons, à vous de trouver les vôtres afin de stocker un maximum d'informations visuelles.
Le temps imparti pour chaque question est de 2 minutes.

Mémoire visuelle / 1 a

Mémorisez bien ces formes, puis passez au test 1b, page suivante.

Mémoire visuelle / 1 b

Quelle figure n'apparaissait pas en page précédente ?

Mémoire visuelle / 2 a

Mémorisez bien ces trois écussons. Inscrivez dans chaque cercle un numéro différent à deux chiffres, puis passez au test 2b, page suivante.

Mémoire visuelle / 2 b

Redonnez à chaque écusson le numéro que vous lui aviez attribué.

Un oiseau a changé de direction : lequel ?

Mémoire visuelle / 3 a

Mémorisez très attentivement cette basilique puis passez au test 3b, page suivante.

Mémoire visuelle / 3 b

Combien y avait-il de clochetons apparents sur la basilique en page précédente ?

Mémoire visuelle / 4 a

Mémorisez bien ces danseurs et attribuez à chaque couple un prénom, que vous inscrirez dans les cases situées en dessous, puis passez au test 4b, page suivante.

Mémoire visuelle / 4 b

Inscrivez dans les pastilles le numéro d'ordre dans lequel apparaissaient ces couples de danseurs en page précédente. Inscrivez les prénoms que vous leur aviez attribués.

Mémoire visuelle / 5 a

Mémorisez bien ces personnages, donnez-leur un nom que vous inscrirez dans les cases blanches, puis passez au test 5b, page suivante.

Mémoire visuelle / 5 b

Inscrivez sous chaque personnage le nom que vous lui aviez attribué.

Question 1 : comptez 5 points pour la bonne réponse.

Question 2 : comptez 5 points si vous avez bien placé tous les numéros d'ordre plus 5 points pour l'oiseau qui a changé de direction.

Question 3 : comptez 15 points si vous avez le nombre exact de clochetons et 5 points si vous en avez trouvé au moins la moitié.

Question 4 : comptez 5 points si les numéros d'ordre sont exacts, et 5 points par prénom bien placé.

Question 5 : comptez 5 points pour chaque nom bien attribué.

Vous avez entre 0 et 40 points

Votre mémoire visuelle semble ne pas être votre point fort. Soit vous traversez une période difficile et, dans ce cas, refaites un peu plus tard ce test, soit vous ne vous entraînez pas assez. Il faut vraiment vous concentrer sur ce problème, qui peut nuire à votre avancement professionnel, ou même dans certains cas de tests de recrutement, vous faire recaler.

Mémoire visuelle / Résultats

Vous avez entre 41 et 65 points

Vous avez une mémoire visuelle qui se situe dans la bonne moyenne et faites partie de ces personnes qui peuvent espérer s'améliorer rapidement avec de l'entraînement. Exercez-vous, et passez les autres types de tests de mémoire pour voir si vous avez des lacunes dans certains autres secteurs.

Vous avez plus de 65 points

Vous avez une excellente mémoire visuelle, ce qui ne veut pas forcément dire que votre mémoire fonctionne dans tous les domaines. Essayez les différents tests que nous vous proposons, (mémoire des lettres ou des chiffres), afin de vous améliorer dans les secteurs où vous êtes le plus faible.

Mémoire des lettres / 1 a

Regardez attentivement ces mots, ligne par ligne, puis passez à la page suivante.

jouer	au	faire	ballon
lui	arrive	il	cœur
mots	les	jouer	avec
acide	sucer	pépins	citron

Mémoire des lettres / 1 b

Quels mots apparaissaient dans les cases vides ?

	au	faire	
lui		il	
	les		avec
acide		pépins	

Mémoire des lettres / 2 a

Lisez attentivement ce texte puis passez à la page suivante.

Ces bons jeux de mots sont de Bernard de Fontenelle, écrivain, philosophe, savant, mais surtout homme d'esprit, dont on peut dire que son plus grand échec aura été d'avoir raté son centenaire de trente-trois jours.
Parmi ses traits d'esprit, celui-ci vient d'une conversation avec la duchesse du Maine, qui appréciait son humour – et qui un jour, à brûle pourpoint, lui demanda :
« Monsieur de Fontenelle, quelle différence voyez-vous entre ma pendule et moi ? »
« Votre pendule marque les heures, alors que vous, Madame, vous les faites oublier. »
Une très belle femme le reçoit un matin en déshabillé ; elle lui dit : *« Comme vous le voyez, Monsieur, je me lève pour vous ! », « Hélas, Madame, répondit-il, vous vous couchez pour un autre… »*
A l'un de ses amis qui s'interrogeait sur le sens même de l'existence, Fontenelle, en grand philosophe, répondit, *« Ne prenez donc pas la vie trop au sérieux, de toute façon vous n'en sortirez pas vivant. »*
On dit même que ses derniers bons mots furent recueillis par la marquise de Lambert alors que mourant, elle lui demanda ce qu'il éprouvait : *« Rien qu'une grande difficulté à vivre, Madame ».*

Mémoire des lettres / 2 b

1- Citez le nom de l'écrivain dont il est question.
....

2 - Quel âge avait-il lorsqu'il mourut ? ....

3 - Remplissez les espaces vides :

Parmi ses traits d'esprit, celui-ci vient d'une conversation avec la duchesse .... qui appréciait son humour, et qui un jour, à brûle-pourpoint, lui demanda : « Monsieur de .... , quelle différence voyez-vous entre ma pendule et moi ? », « Votre pendule marque les heures, alors que vous, Madame, vous les faites .... »
Une très belle femme le reçoit un matin en déshabillé ; elle lui dit : « Comme vous le voyez, Monsieur, je me lève pour vous ! », « Hélas, Madame, répondit-il, vous vous .... pour un autre… »
A l'un de ses amis qui s'interrogeait sur le sens même de ...., F.................., en grand philosophe, répondit : « Ne prenez donc pas la vie trop au sérieux, de toute façon vous n'en sortirez pas....................... .
On dit même que ses derniers bons mots furent recueillis par la marquise .... alors que mourant, elle lui demanda ce qu'il éprouvait : « Rien qu'une grande difficulté .... Madame ».

Mémoire des lettres / 3 a

Lisez attentivement cette liste d'anagrammes puis passez à la page suivante.

AVERTIS	REVISAT
CALIBRE	BERCAIL
ENIVREE	VENERIE
MARTIEN	MINARET
VERMINE	MINERVE

Mémoire des lettres / 3 b

Inscrivez dans les cases blanches les anagrammes des mots situés en face.

MINERVE	
MINARET	
ENIVREE	
BERCAIL	
REVISAT	

Mémoire des lettres / 4 a

Regardez attentivement cette liste d'auteurs puis passez page suivante

MALLARMÉ
VALÉRY
CLAUDEL
BALZAC
GIDE
FLAUBERT
LAMARTINE
STENDHAL
VOLTAIRE
ROUSSEAU
MUSSET
MAUPASSANT
ZOLA
PROUST
APPOLINAIRE
BAUDELAIRE
RIMBAUD

Mémoire des lettres / 4 b

Soulignez les noms des auteurs qui n'étaient pas cités en page précédente.

MAUPASSANT
CLAUDEL
MALLARMÉ
SAND
FLAUBERT
LAMARTINE
STENDHAL
VALÉRY
ROUSSEAU
GUITRY
MAUPASSANT
MAURIAC
PROUST
APPOLINAIRE
BAUDELAIRE
VERLAINE
ZOLA

Mémoire des lettres / 5 a

Regardez attentivement ce tableau de mots, ligne par ligne, leur sens s'il y en a un, ou leur logique. Mémorisez-les bien, puis passez à la page suivante.

rouge	cerise	timide	clown
ciel	bleu	mer	bonheur
malade	pilule	vert	herbe
sucré	blanc	écorce	coco

Memoire des lettres / 5 b

A - Inscrivez dans les cases vides les mots qui s'y trouvaient.

B - Remettez à leur bonne place les mots qui ont été permutés.

--------	cerise	sucré	clown
ciel	-------	mer	timide
bonheur	pilule	-------	herbe
malade	--------	écorce	coco

Question 1 : comptez 5 points par case bien remplie.

Question 2 : comptez 5 points par bonne réponse et 5 points par case remplie correctement.

Question 3 : comptez 5 points par anagramme retrouvée.

Question 4 : comptez 5 points par bonne réponse.

Question 5 : comptez 5 points par case remplie correctement et 5 points par mot bien replacé.

Vous avez entre 0 et 60 points

Votre mémoire des lettres n'est pas au point. Il faut absolument vous concentrer sur ce problème qui peut nuire à votre avancement professionnel, et même dans certains cas de tests de recrutement, vous faire recaler.

Mémoire des lettres / Résultats

Vous avez entre 61 et 95 points

Vous avez une mémoire des lettres qui se situe dans la bonne moyenne et faites partie de ces personnes qui peuvent espérer s'améliorer encore avec de l'entraînement. Exercez-vous et passez le test des chiffres pour voir si vous avez des lacunes dans ce secteur.

Vous avez plus de 96 points

Vous avez une excellente mémoire des lettres. Ceci ne veut pas forcément dire que votre mémoire fonctionne dans tous les domaines. Essayez le test des chiffres que nous vous proposons, et entraînez-vous dans les secteurs où vous êtes le plus faible.

Mémoire des chiffres / 1 a

Regardez attentivement ces dés et passez à la page suivante.

Mémoire des chiffres / 1 b

Quel nombre apparaissait sur les faces vierges ?

Mémoire des chiffres / 2 a

Effectuez les additions et inscrivez les totaux sous chacune des opérations, puis après les avoir mémorisés, passez à la page suivante.

18	14	11	55
10	12	11	20
33	66	77	44
44	33	22	11
80	70	80	90
20	30	40	10
51	21	11	41
31	31	31	31

Mémoire des chiffres / 2 b

Inscrivez sous chacune des opérations leur total respectif.

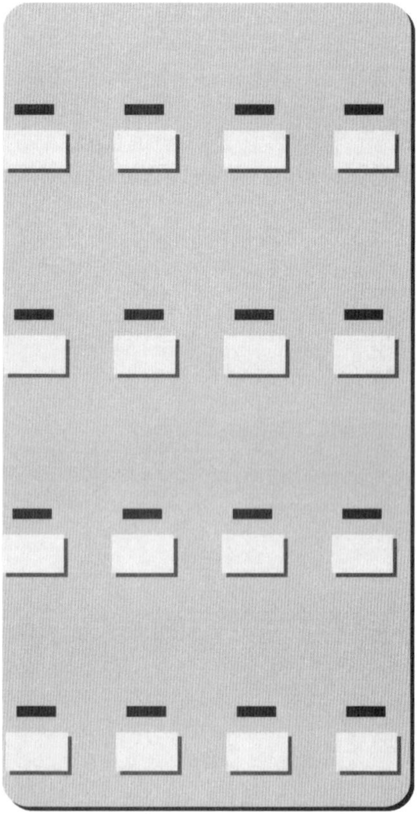

Mémoire des chiffres / 3 a

Regardez attentivement ces cases chiffrées puis passez à la page suivante.

12	21	42	24
33	66	88	44
23	25	27	29

Mémoire des chiffres / 3 b

Remplissez un maximum de cases vides avec les chiffres qui s'y trouvaient dans le tableau précédent.

			24
	66	88	
23			

Mémoire des chiffres / 4 a

Regardez attentivement ces croix puis passez à la page suivante.

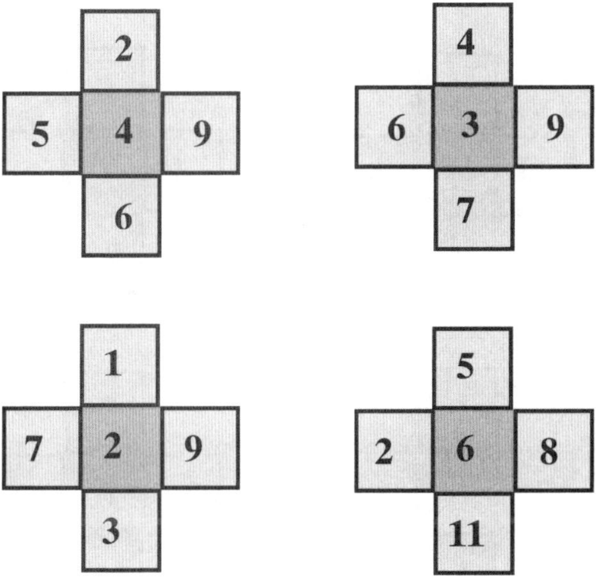

Mémoire des chiffres / 4 b

Inscrivez dans les cases avec le point d'interrogation les chiffres qui s'y trouvaient.

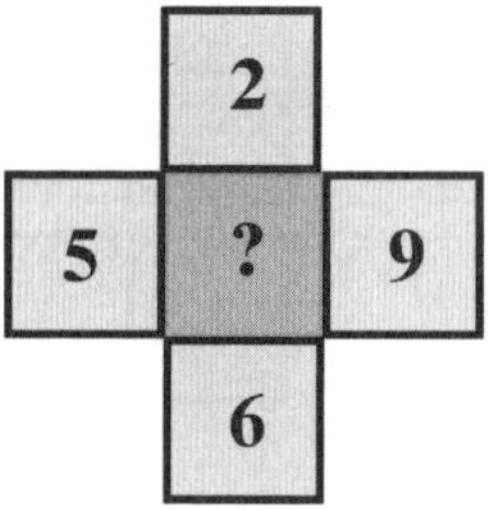

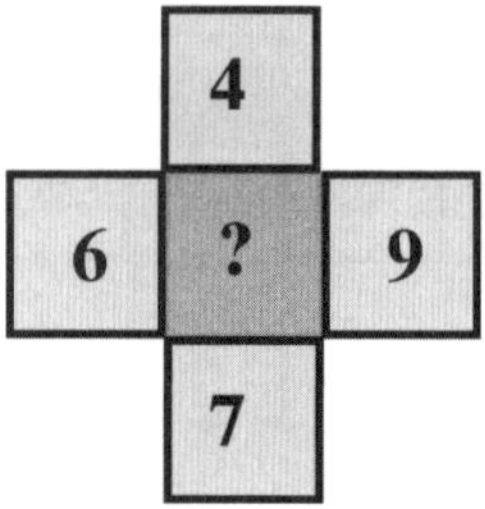

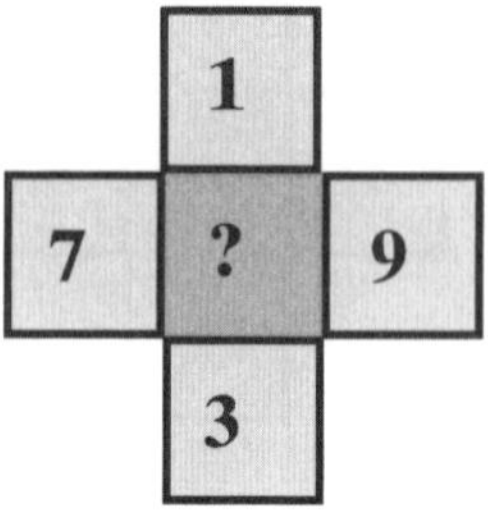

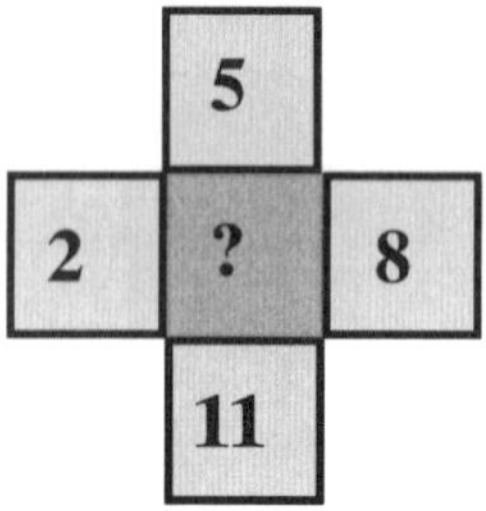

Mémoire des chiffres / 5 a

Mémorisez bien tous ces chiffres, leur logique, et passez à la page suivante.

2 4 8

1428

9279

10,000

02030405

76543

Mémoire des chiffres / 5 b

Essayez de retrouver les chiffres qui figuraient dans les cases vides, puis répondez aux questions ci-dessous :

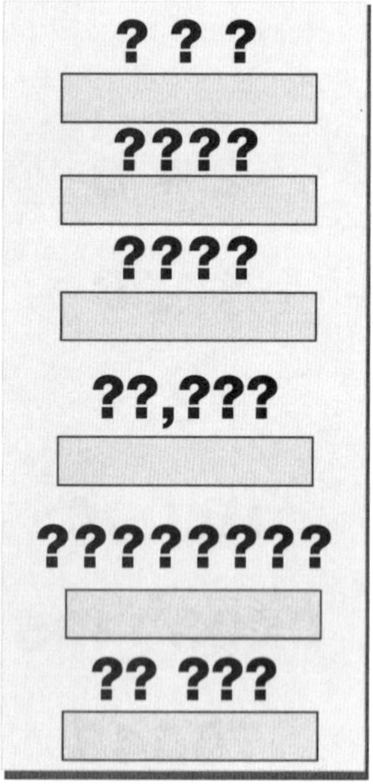

Y avait-il un nombre avec 4 zéros ?

Le premier nombre était-il une suite ?

Y avait-il un nombre
dont le multiple était de 6 ?

Y avait-il une suite décroissante ?

Mémoire des chiffres / Résultats

Question 1 : comptez 5 points par face de dé bien remplie.

Question 2 : comptez 2 points par total retrouvé dans le désordre et 5 points dans l'ordre exact.

Question 3 : comptez 5 points par case bien remplie.

Question 4 : comptez 5 points par case remplie correctement.

Question 5 : comptez 5 points par case remplie correctement et 5 points par bonne réponse aux questions.

Vous avez entre 0 et 50 points

Ce test est difficile mais votre mémoire des chiffres n'est pas au point. Il faut absolument vous concentrer sur ce problème, ou chercher un travail qui ne fait pas appel à la mémoire numérique. Entraînez-vous, sinon cela pourrait nuire à votre avancement professionnel, et même dans certains cas de tests de recrutement, à vous faire recaler.

Mémoire des chiffres / Résultats

Vous avez entre 51 et 90 points

Vous avez une mémoire des chiffres qui se situe dans la bonne moyenne, malgré la difficulté du test. Vous faites partie de ces personnes qui peuvent sûrement s'améliorer encore avec de l'entraînement. Exercez-vous régulièrement pour pouvoir passer dans la catégorie supérieure.

Vous avez plus de 90 points

Bravo ! Vous avez une excellente mémoire des chiffres. Ce test était particulièrement difficile et vous l'avez réussi. Votre orientation peut très bien être envisagée dans une carrière où les chiffres ont une certaine importance. Un peu d'entraînement ne peut cependant pas vous faire de mal.

Tests de personnalité

Les tests de personnalité sont encore aujourd'hui les plus utilisés pour l'évaluation professionnelle d'un candidat. Fondés sur une conception analytique de la personnalité, ils permettent de repérer un certain nombre de traits de caractère tels que la stabilité émotionnelle (humeur, sérénité, optimisme), l'extraversion (aptitude à la communication, expansivité), l'ouverture (curiosité, adaptabilité), la conscience (méthode, rigueur, structure), la sociabilité. Toutes ces qualités sont recherchées selon le poste à pourvoir.

Ces tests sont à effectuer avec rigueur ; certains pensent pouvoir répondre afin de donner d'eux la meilleure image possible, mais le type même des questions permet aux testeurs de repérer ceux qui trichent et ceux qui sont sincères. Cela permet d'établir un profil de votre personnalité et le mode d'adaptation aux différents types d'emplois que vous recherchez.

Dans la majorité des cas, vous êtes invité(e) à répondre à des questionnaires sur des situations auxquelles vous vous trouvez confronté(e). Il suffit de répondre par oui ou par non ou de choisir parmi une série de propositions. En général, vous avez un temps imparti qui varie entre 15 minutes à 1 heure selon la quantité de questions pour chaque test. Ici les tests étant courts, vous avez 5 minutes pour y répondre. Même en cas d'hésitation sur une question, vous devez absolument répondre. Vous trouverez ici quatre types de tests de personnalité parmi les plus utilisés.

Êtes-vous introverti(e) ou extraverti(e) ?

Êtes-vous du genre enthousiaste, actif(ve), enjoué(e), liant(e) et pourquoi pas coléreux(se) ou au contraire, êtes-vous calme, posé(e), lent(e), peu bavard(e) et réservé(e) ? Ce test vous permettra d'y voir un peu plus clair sur votre personnalité. Répondez-y spontanément et avec sincérité puis reportez-vous à la fin au tableau des résultats.

		oui	non
1	Pouvez-vous garder longtemps un secret ?	☐	☐
2	Aimez-vous rester chez vous au coin du feu avec un bon bouquin ?	☐	☐
3	Avez-vous la bougeotte ?	☐	☐
4	Avez-vous le rire facile ?	☐	☐
5	Lorsque vous voyagez, choisissez-vous de préférence les voyages organisés ?	☐	☐

6	Lors d'une forte colère, perdez-vous quelquefois votre contrôle ?	**oui**	**non**
7	Pour un enjeu très important, êtes-vous prêt(e) à risquer gros ?	**oui**	**non**
8	Aimez-vous recevoir des amis chez vous ?	**oui**	**non**
9	Si une situation favorable se présente, prenez-vous une décision rapide ?	**oui**	**non**
10	En général, portez-vous un jugement rapide sur les gens que vous ne connaissez pas ?	**oui**	**non**
11	Faites-vous ce que vous avez à faire toujours à la dernière minute ?	**oui**	**non**

12	A l'occasion d'un cocktail où vous ne connaissez personne, attendez-vous que quelqu'un se manifeste pour dialoguer ?	**oui**	**non**
13	Face à un important projet, êtes-vous plutôt réfléchi(e) ?	**oui**	**non**
14	A l'école, vous est-il arrivé de vous faire porter pâle pour éviter un examen ?	**oui**	**non**
15	Vous arrive-t-il de pleurer lors d'un événement grave (deuil, séparation) ?	**oui**	**non**

Résultats

Comptez 1 point si vous avez répondu aux questions de la façon suivante :

1 non	6 oui	11 oui
2 non	7 oui	12 non
3 oui	8 oui	13 non
4 oui	9 oui	14 non
5 non	10 oui	15 oui

Vous avez entre 11 et 15 points

Extraverti(e) on peut dire que vous l'êtes, du genre énergique, généreux(se) enthousiaste, toujours en mouvement, vous devez vous orienter vers une activité professionnelle dans laquelle vous aurez des déplacements, ne sachant pas rester en place. Vos amis et camarades de travail ne vous suivent pas toujours, tellement votre caractère est impulsif. Vous démarrez au quart de tour… Attention cependant de ne pas friser l'irresponsabilité, et si vos colères sont tonitruantes, elles retombent aussi vite. Votre façon de dire aux autres ce que vous pensez d'eux peut vous jouer des tours, mais ces défauts deviennent en général des qualités aux yeux de vos vrais amis. Dans votre vie professionnelle on peut compter sur vous dans des activités d'animateurs, de meneur de groupes, et votre dynamisme sera très apprécié.

Vous avez entre 6 et 10 points

Vous êtes sociable, sympathique, vous avez un profond sens de l'hospitalité. Votre sens pratique et vos rapports cordiaux vous amènent plus vers des relations superficielles que vers de vrais amis. Un peu trop modéré, on ne vous connaît pas bien, vous ne vous relâchez que lorsque vous êtes avec vos proches ou vos amis de toujours. Vous ne prenez pas beaucoup de risques dans la vie, car tout est bien calculé. Pourtant gai(e) vous voyez votre avenir avec un certain optimisme, et si vous devez choisir une profession, orientez-vous plutôt vers des professions libérales ou commerciales, là ou vous êtes relativement libre, ou encore vers un travail qui vous laisse un peu d'indépendance et qui épanouira votre sens de l'autre.

Vous avez entre 0 et 5 points

Vous êtes plutôt du genre introverti(e), ce qui veut dire réfléchi(e), réservé(e) voire timide, calme et prudent(e), ne cédant pas vraiment à vos véritables impulsions. Solitaire dans l'âme, vous faites tout avec sérieux, que ce soit le choix de vos amis, vos hobbies, ou votre vie professionnelle. Rien n'est laissé au hasard avec vous. Vous appréciez la compagnie des intellectuels plutôt que celle des boute-en-train ou autres sportifs. Votre profession tendra vers ce qui demande de l'intelligence, de la réflexion, de la concentration plutôt que de l'humour ou de la bonne humeur à l'envie. Votre vie est un long fleuve tranquille, vous vous suffisez presque à vous-même grâce à votre richesse intérieure.

Êtes-vous un leader ?

Êtes-vous une locomotive, de ceux derrière qui on se range d'emblée ? Vos idées sont-elles novatrices, êtes-vous le chef de la bande ou bien avez-vous la capacité de devenir tout cela ? Ce test vous apprendra si vous êtes qualifié pour devenir un vrai chef.

		oui	non
1	Estimez-vous que, pour se faire respecter, il faut se montrer ferme et sûr(e) de soi ?		
2	En vacances, c'est vous qui prenez les décisions concernant l'emploi du temps et les activités ?		
3	En amour, laissez-vous l'autre prendre toute initiative ?		
4	D'une façon générale, suivez-vous d'assez près la mode ?		
5	Si vous voyez quelqu'un mal en point dans la rue, lui portez-vous secours ?		

		oui	non
6	A l'école, étiez-vous toujours assis(e) au fond de la classe ?		
7	Lors des récréations jouiez-vous à des jeux de groupes ?		
8	A l'occasion du Nouvel An, est-ce vous qui écrivez les cartes de vœux en dernier ?		
9	Au volant, roulez-vous souvent sur la file de gauche ?		
10	Si un ami a un problème de cœur, vient-il vous en parler ?		

11	Pour vous faire entendre, vous arrive-il de hausser le ton ?	oui	non
12	Professionnellement, laissez-vous les autres prendre des initiatives ?	oui	non
13	Parmi vos proches est-ce vous qui avez la plus belle maison ?	oui	non
14	En général, vos amis sont-ils presque tous des collègues de travail ?	oui	non
15	Dans un musée, suivez-vous le guide ?	oui	non

Résultats

Comptez 1 point si vous avez répondu aux questions de la façon suivante :

1 oui	6 oui	11 oui
2 oui	7 oui	12 oui
3 non	8 non	13 oui
4 non	9 oui	14 non
5 oui	10 oui	15 non

Vous avez entre 0 et 5 points

Vous n'êtes pas du genre à prendre des décisions pour les autres : à chacun sa tâche, les vôtres sont bien assez lourdes et nombreuses, et celles des autres ne vous concernent pas vraiment de toute façon. Quand au travail, les responsabilités ne vous intéressent pas outre mesure, vous préférez une bonne planque, loin des petits caporaux, plutôt que de vous mettre dans de fâcheuses situations. Vous laissez cela à tous les petits chefs en puissance, à ceux qui d'ailleurs ne vous intéressent pas tant vous les trouvez machos.

Vous avez entre 6 et 10 points

Vous faites partie des gens que l'on estime et que l'on écoute dans votre entourage, que ce soit dans votre milieu professionnel, social ou familial. Vous avez juste un petit manque de confiance en vous qui vous empêche de prendre des responsabilités auxquelles vous aspireriez volontiers mais qui vous font un peu peur. Le temps et la réussite feront de vous un bon leader en temps voulu. Vous êtes comme le bon vin, plus il vieillit, meilleur il devient.

Vous avez entre 11 et 15 points

Vous êtes un leader dans le meilleur sens du terme. Que ce soit dans votre famille, auprès de vos amis, dans votre entourage professionnel, on vous apprécie, on vous écoute, on vous suit, on a confiance en vous, on se repose sur vous et à juste titre, parce que vous êtes quelqu'un de responsable. Vous vous sentez concerné(e) par les autres, vous savez partager le meilleur comme le pire. Votre sympathie, votre don de conviction et votre intégrité font de vous un excellent meneur d'hommes.

Êtes-vous ambitieux(se) ?

Contrairement aux idées reçues, l'ambition n'est pas toujours un vilain défaut. Dans certains cas même, elle peut être recherchée. Êtes-vous de ceux qui, même au bas de l'échelle, ne regardent que vers le haut ? Avez-vous la volonté d'aller jusqu'au bout de vos désirs ou bien est-ce que avez besoin que l'on vous pousse vers de plus hauts sommets ? Ce test vous indiquera si vous êtes ambitieux(se) ou ambitieux(se) et demi.

1. On dit que l'argent fait le bonheur. Êtes-vous d'accord ? **oui** **non**

2. Dans votre entreprise, il y a un poste à pourvoir à l'échelon supérieur. Attendez-vous qu'on le propose pour l'envisager ? **oui** **non**

3. Quand vous vous fixez des objectifs, sont-ils toujours accessibles ? **oui** **non**

4	Iriez-vous jusqu'à épouser quelqu'un pour arriver à la place sociale que vous souhaitez ?	oui	non
5	Le directeur de votre entreprise vous invite à déjeuner le jour de l'anniversaire de votre conjoint. Vous refusez gentiment ?	oui	non
6	Entre un métier qui rapporte gros et un métier qui vous plaît, choisissez-vous celui qui vous plaît ?	oui	non
7	Organisez-vous souvent des repas d'affaires chez vous ?	oui	non

8	Êtes-vous toujours franc(he) avec vos supérieurs ?	**oui**	**non**
9	Pensez-vous que le travail, c'est la vie ?	**oui**	**non**
10	Croyez-vous fermement que les gens qui sont arrivés au sommet d'une entreprise y sont parce qu'ils ont été pistonnés ?	**oui**	**non**
11	Parmi vos relations, est-ce vous qui gagnez le plus d'argent ?	**oui**	**non**
12	Aimez-vous que l'on pense de vous que vous êtes quelqu'un de volontaire ?	**oui**	**non**

13	Si vous achetez une œuvre d'art, est-ce avant tout pour sa valeur marchande ?	**oui**	**non**
14	Si vous en aviez la possibilité, pourriez-vous vivre de vos rentes et couler des jours tranquilles ?	**oui**	**non**
15	Si vous travaillez, c'est surtout pour assurer une vie confortable à votre famille ?	**oui**	**non**

Résultats

Comptez 1 point si vous avez répondu aux questions de la façon suivante :

1 oui	6 non	11 oui
2 non	7 oui	12 oui
3 non	8 non	13 oui
4 oui	9 oui	14 non
5 non	10 oui	15 non

Vous avez entre 11 et 15 points

Rien ne pourrait se mettre en travers de votre chemin quand vous avez pris la décision d'arriver quelque part. Vous êtes ce qu'on appelle « quelqu'un de fonceur », dans le bon sens du terme. Vous réussirez à ce titre, car vous êtes travailleur(se) et n'hésitez pas à vous engager pleinement dans votre entreprise, quitte à y consentir quelques sacrifices. Plein d'idées, vous vous épanouissez dans votre travail et loin de le ressentir comme une corvée, vous vous accomplissez parfaitement dans votre milieu professionnel. Votre condition sociale est votre objectif n°1, atteindre le sommet, avoir ce qu'il y a de mieux, maison, compte bancaire, voiture de luxe, vêtements qui vous positionnent, les meilleures écoles pour vos enfants, bref tous les signes extérieurs de réussite, comptent à vos yeux. Vous partez du principe que pour réussir, il faut non seulement s'en donner les moyens, mais faire envie plutôt que pitié. Gare à ceux qui voudraient se mettre en travers du rouleau compresseur que vous êtes, une fois lancé(e).

Vous avez entre 6 et 10 points

Vous avez assez d'ambition pour atteindre les buts que vous vous fixez dans la vie sans pour autant avoir besoin ni l'envie d'écraser les autres. Acquérir une certaine situation sociale est cependant très important à vos yeux, à condition que cela remplisse votre deuxième objectif dans la vie qui est d'avoir une certaine qualité de vie. Vous êtes un(e) puriste, un(e) perfectionniste et réussirez grâce à ces qualités, d'autant plus si vous êtes dans une profession qui vous plaît . Votre volonté, votre goût du travail bien fait vous permettront de progresser naturellement, lentement peut-être, mais sûrement.

Vous avez entre 1 et 5 points

Vous n'êtes pas du genre à jouer des coudes pour passer à l'échelon supérieur dans votre travail, cela vous ennuierait car vous n'aimez ni les disputes, ni la concurrence et encore moins les obligations. Vous préférez de loin être vous-même plutôt que de vous forger un personnage qui ne correspond pas à votre caractère. Vous trouvez que l'argent ne fait pas du tout le bonheur et que le travail n'est pas une fin dans la vie. Vous avez cependant une ambition, celle de vivre agréablement. Ne tombez tout de même pas dans l'apathie, ou la paresse. Gardez bien en tête vos objectifs et maintenez le cap, même si cela vous demande un petit effort.

Avez-vous le sens pratique ?

Héritier naturel du bon sens, le sens pratique est celui qui permet de mettre en œuvre, sans délai, les moyens nécessaires pour se sortir d'un problème ou d'une situation. Encore faut-il être un tant soit peu doué(e) pour cela. Qu'en est-il pour vous ?

1

Météo incertaine. Invité(e) chez des amis pour le week end :

A Vous annulez votre séjour pour une grippe subite.
B Vous vous équipez de chaussures étanches et tenues de pluie.
C Vous prévoyez un bon livre dans votre bagage.

2

Samedi midi, votre téléviseur tombe en panne :

A Vous décidez de rendre une visite impromptue à un ami.
B Vous achetez un petit récepteur d'appoint pour la cuisine.
C Vous suivrez les événements sportifs à la radio.

3

De quoi ne pourriez-vous pas vous passer ?

A D'un téléphone cellulaire.
B D'un magnétoscope.
C D'un four à micro-ondes.

4

Les achats de provisions pour la maison :

A Vous vous faites livrer.
B Vous achetez une fois par semaine en hypermarché.
C Vous achetez chaque jour selon votre humeur.

5

Lorsque vous faites un long voyage en voiture :

A Vous prenez de l'essence toutes les deux heures pour vous détendre.
B Vous roulez jusqu'à ce que le réservoir soit presque vide.
C Vous avez toujours un jerrycan de secours dans votre voiture.

6

Vous écrivez un courrier important :

A Toujours à la main.
B Sur une machine à écrire.
C Sur un ordinateur.

7

On vous offre une résidence secondaire au choix, ce sera :

A Un « deux pièces » en multipropriété aux sports d'hiver.
B Une ferme dans les Cévennes.
C Une villa sur la côte normande.

8

Responsable de la préparation d'un déjeuner d'amis, vous laissez brûler votre chef-d'œuvre culinaire :

A Vous invitez tout le monde au restaurant.
B Vous préparez un plat de pâtes.
C Vous servez ce qui a échappé au désastre.

9

On sonne à votre porte pour un sondage politique :

A Vous répondez à toutes les questions.
B Vous n'avez pas de temps à perdre.
C Vous développez votre vision de la politique.

10

Grève surprise des transports en commun :

A Vous appelez un ami qui a une moto, en pensant aux encombrements.
B Vous faites du stop.
C Vous restez chez vous pour faire la grasse matinée.

11

En vacances, on vous dérobe un porte-feuille :

A Vous gardez toujours votre carte de crédit dans un étui séparé.
B Pas de soucis, vos chèques de voyage sont assurés.
C Finies les vacances, vous n'aviez rien du tout sur vous.

12 Vous aménagez un grenier ou une cave en :

A Bureau.
B Salle de jeux pour les enfants.
C Atelier de bricolage.

13 Week-end de découverte dans le Périgord :

A Vous avez étudié les étapes « miam-miam, dodo ».
B Le *Guide vert* n'a plus de secret pour vous.
C Vous découvrez au petit bonheur.

14 Sur l'autoroute, l'aiguille de la température moteur glisse vers le rouge :

A Vous ralentissez pour atteindre la prochaine station.
B Vous accélérez pour refroidir le moteur.
C Vous vous arrêtez aussitôt.

15 Dans l'armoire à pharmacie de votre résidence, il y a :

A Une trousse d'urgence, et quelques médicaments courants.
B Tous les médicaments courants.
C Les restes de toutes les ordonnances passées.

Résultats

Cochez les symboles correspondants à vos réponses.

	A	B	C
Q1	▲	■	●
Q2	●	▲	■
Q3	■	▲	●
Q4	●	■	▲
Q5	●	▲	■
Q6	■	●	▲
Q7	▲	■	●
Q8	●	■	▲
Q9	■	●	▲
Q10	●	▲	■
Q11	■	●	▲
Q12	▲	●	■
Q13	■	●	▲
Q14	■	▲	●
Q15	●	■	▲

▲ =   ● =   ■ =

Si deux symboles apparaissent en nombre équivalents, votre personnalité se situe à la frontière des deux typologies correspondantes.

Vous avez une majorité de carrés : débrouillard(e)

Quand d'aventure, vous vous trouvez confronté(e) à une situation un tant soit peu complexe, vous avez la chance insigne, par rapport à beaucoup de gens, d'être à même de la résoudre presque comme par enchantement. A cela une bonne raison, la logique, simple, efficace, selon laquelle vous fonctionnez de façon permanente. Positif(ve) dans votre approche de la vie de tous les jours, vous savez prendre le recul nécessaire devant l'événement pour trouver la solution la plus simple et la plus pratique de l'aborder. Bien sûr, ce sens pratique sur lequel vous comptez pour vous sortir de tout, repose sur votre capacité à mémoriser tous les petits trucs utilisables dans la vie courante, que vous puisez au hasard de vos lectures, de vos expériences, et de toutes sources d'informations que vous croisez sur votre chemin. Pour vous, un problème automobile, les soucis de la maison et dans le travail ne sont jamais des catastrophes, juste de légers contretemps auxquels vous faites face sans difficulté. Tout d'abord parce que vous avez vite fait d'en diagnostiquer les causes, et ensuite parce que vous savez prendre sans attendre les dispositions optimales pour y remédier, que ce soit par vous-même, si cela entre dans le large champ de vos compétences, ou par le biais de professionnels dans le cas contraire.

Vous avez une majorité de cercles : improvisateur (trice)

A première vue, on pourrait penser que le sens pratique est légèrement endormi chez vous, à moins, si l'on peut se permettre de formuler une autre hypothèse, qu'il ne se soit jamais réellement éveillé. Mais disons-le clairement, il ne semble pas que vous vous en portiez plus mal pour autant, car vous bénéficiez de votre arme secrète pour pallier à cette lacune, un véritable équipement d'origine qui vous permet bien souvent de sortir des pires guêpiers : « le sens inné de l'improvisation ». Non pas dans le style de celui qui équipe le célèbre « Mac Gyver », qu'aucune situation, aussi périlleuse soit-elle, ne démonte jamais, car chez lui c'est plutôt de sens pratique hypertrophié qu'il s'agit, alors que pour vous, c'est beaucoup plus le « feeling » qui vous fait agir, et il faut bien le dire, avec bien souvent d'excellents résultats. Parfois il vous arrive des déboires, mais vous vous faites une raison, puique « nul n'est infaillible ». Pour ce qui est de l'aspect positif, aucun mérite particulier dont vous puissiez vous flatter, puisqu'il s'agit là d'une sorte de don que vous possédez, qui aurait d'ailleurs tendance à bouleverser les lois du cartésianisme. A défaut d'être quelqu'un dont l'habileté et la maîtrise sont proverbiaux, vous êtes un improvisateur(trice) de talent, avec les hauts et les bas inhérents à ce que cela implique.

Vous avez une majorité de triangles : philosophe

A croire que le mot « simple » ne fait pas partie de votre vocabulaire, ou que s'il en fait partie, vous avez définitivement décidé de le rendre obsolète. Pour vous, le plus court chemin d'un point à un autre n'est pas jamais la ligne droite, comme si vous vous complaisiez à compliquer à loisir ce qui paraît souvent évident aux yeux de tous. Si la raison semble complexe, la cause en est simple : vous aimez la rhétorique, et celle-ci n'a jamais fait bon ménage avec le terre à terre. Elle en est même à l'opposé. Pour vous, une situation de crise appelle une réflexion fondamentale, qui vous amène tour à tour à examiner tous les facteurs qui ont causé celle-ci, puis à réfléchir à tous les moyens qui pourraient être mis en œuvre pour la résoudre, afin d'aboutir à une synthèse qui débouchera sur une action envisageable ou éventuelle. Le seul problème, et il n'est pas négligeable, est le temps nécessaire à cette approche philosophale du moindre problème de la vie de tous les jours qui, s'il vous met assurément à l'abri des imprévus ou des jugements trop hâtifs, a l'inconvénient de vous voir fourbir vos armes une fois que la guerre est finie. Bien sûr, la réflexion n'est pas antinomique avec l'efficacité, mais un peu de sens commun, un bon dosage de techniques de «grand père», ou de recettes de «bonnes femmes» permettent souvent de se sortir sans dommage des situations les plus courantes que nous sommes à même d'affronter.

Composition réalisée par JOUVE

IMPRIMÉ EN ESPAGNE PAR LIBERDÚPLEX
Barcelone
Dépôt légal éditeur : 67358-03/2006
Édition 7
LIBRAIRIE GÉNÉRALE FRANÇAISE - 31, rue de Fleurus - 75278 Paris Cedex 06

ISBN : 2 - 253 - 16590 - 5 31/6590/9

Le Livre de Poche

Les psychojeux

Découvrez votre vraie personnalité...

Chantal de Séréville
Élisabeth Chapelain

Vie quotidienne

Forgez-vous une mémoire d'éléphant

Inédit

Chantal de Séréville

Vie professionnelle

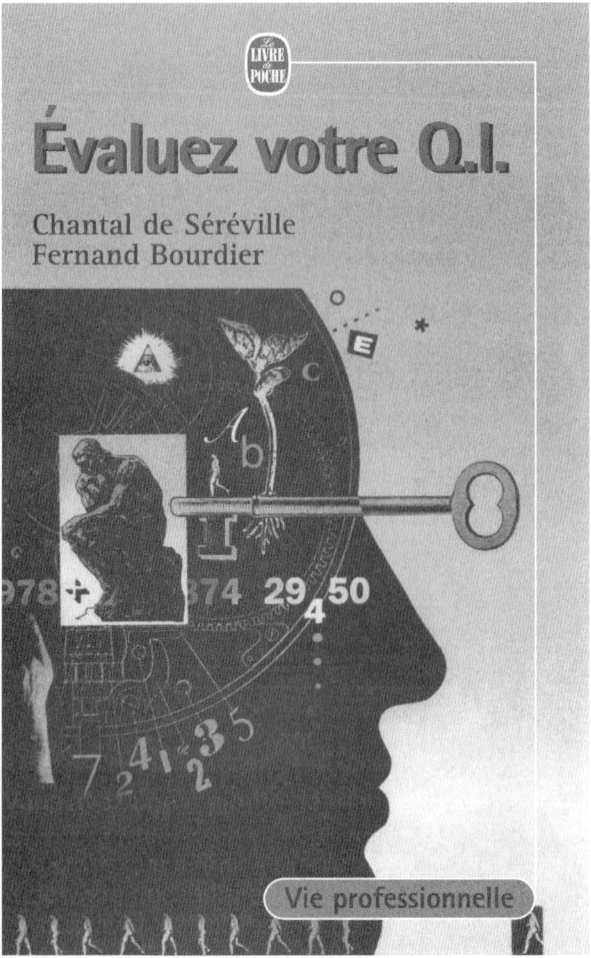
LE LIVRE de POCHE
Évaluez votre Q.I.
Chantal de Séréville
Fernand Bourdier
Vie professionnelle

LIVRE POCHE
Exercez-vous
aux tests
d'entreprises
Chantal de Séréville
Bernard Myers
?
Vie professionnelle

Le Livre de Poche
Exercez-vous aux tests psychotechniques
Chantal de Séréville
Bernard Myers
?
Vie professionnelle

Mieux vaut donc appréhender les tests avec l'assurance d'en savoir plus que la plupart des autres candidats. En effet les avantages de se présenter devant un recruteur avec une expérience telle que la vôtre sont considérables :
- absence de stress ;
- meilleure gestion des temps impartis ;
- décontraction due à une certaine familiarisation ;
- approche plus positive à l'égard des tests ;
- connaissance du comportement à avoir devant les examinateurs et face aux examens en général ;
- meilleure capacité d'analyse et de détection des pièges utilisés dans les tests.

Vous disposez de tous les atouts pour accéder à la réussite, alors nous n'avons plus qu'à vous souhaiter bonne chance, car elle joue un rôle non négligeable dans tout succès.

Vous avez effectué une grande diversité de tests que vous serez à même de rencontrer sur votre parcours universitaire ou en vue de la recherche d'un emploi. Quels que soient les résultats que vous avez obtenus pour chaque test, cela vous donne une indication sur votre aptitude ou non à réussir dans votre quête d'un emploi ou d'une promotion, et vous aidera à vous présenter devant un recruteur de façon plus décontractée. Il est cependant utile de les refaire régulièrement, mais de façon espacée. N'hésitez pas à laisser passer quelques semaines avant de rouvrir votre livre. N'oubliez pas non plus de vous préparer physiquement et psychologiquement aux examens que vous allez passer.
Nous vous donnons ici quelques derniers conseils pour vous aider dans votre préparation.

Ne vous présentez pas si vous n'êtes pas en bonne forme physique. La veille, reposez-vous, ne révisez pas. Couchez-vous tôt. Evitez de boire de l'alcool et d'avoir une alimentation trop riche.
Le jour du test, soyez optimiste, considérez que vous êtes prêt à affronter le pire. Ne vous dopez pas, cela n'aurait pas l'effet désiré, et ne prenez pas de tranquillisants, vous risquez de perdre une partie de vos capacités. Vous seriez certes calme, vous feriez probablement moins d'erreurs dues à la nervosité, mais il est prouvé qu'une certaine excitation nerveuse est nécessaire, voire salutaire.

Conclusion